Début d'une série de documents
en couleur

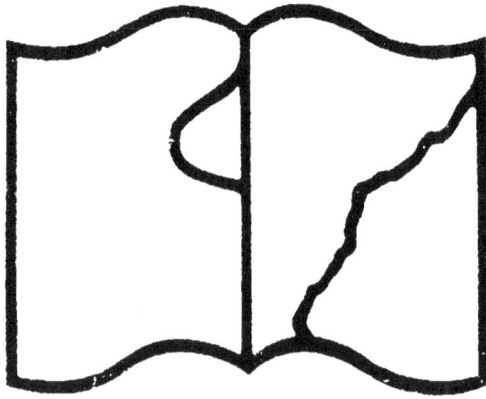

Texte détérioré — reliure défectueuse

NF Z 43-120-11

LES

MANUELS D'ÉDUCATION

CIVIQUE ET MORALE

ET LA

CONDAMNATION DE L'INDEX

PAR

LE PÈRE JOSEPH BURNICHON

de la Compagnie de Jésus

MARSEILLE

SOCIÉTÉ ANONYME DE L'IMPRIMERIE MARSEILLAISE

MARIUS OLIVE, DIRECTEUR

Rue Sainte, 39.

—

1883

Fin d'une série de documents
en couleur

LES

MANUELS D'ÉDUCATION

CIVIQUE ET MORALE

ET LA

CONDAMNATION DE L'INDEX

PAR

LE PÈRE JOSEPH BURNICHON

de la Compagnie de Jésus

———

MARSEILLE

SOCIÉTÉ ANONYME DE L'IMPRIMERIE MARSEILLAISE

MARIUS OLIVE, DIRECTEUR

Rue Sainte, 39.

1883

AVANT PROPOS

Un décret de la Congrégation de l'*Index* a frappé, il y a peu de temps, les ouvrages suivants :

Instruction morale et civique. L'homme. Le citoyen. A l'usage de l'enseignement primaire. Par *Jules Steeg*, député de la Gironde.

Eléments d'éducation civique et morale, par *Gabriel Compayré.* (Ouvrage autorisé pour toutes les les écoles municipales de Paris et de Lyon.)

L'Instruction civique à l'école, par *Paul Bert.* (Ouvrage adopté pour les écoles de la ville de Paris).

Instruction morale et civique des jeunes filles par *M*ᵐᵉ *Henry Gréville.* (Ouvrage inscrit sur la liste des livres fournis gratuitement par la ville de Paris à ses écoles communales.)

Qu'est-ce que l'*Index* ?

Le mot *Index* signifie *table* ou *catalogue*. *Mettre un livre à l'Index*, n'est pas autre chose que l'inscrire au *Catalogue* des livres qu'il n'est point permis de lire.

L'expression tend à passer dans la langue avec des sens plus ou moins figurés. Les syndicats ouvriers mettent parfois une maison à l'*Index;* cela veut dire qu'il est interdit d'y travailler.

Le pouvoir d'interdire la lecture des livres dangereux est inhérent à la mission que l'Église enseignante a reçue de son Divin Fondateur. Ce pouvoir a été communiqué à Saint-Pierre, le jour où Jésus-Christ lui dit par trois fois : Pais mes agneaux, pais mes brebis : *Pasce agnos, pasce oves.* Comment le pasteur s'acquittera-t-il de ce devoir, s'il ne peut écarter le troupeau des pâturages empoisonnés ?

Aussi, l'Église a de tout temps usé de son autorité pour interdire aux fidèles l'usage des livres nuisibles et même pour les détruire : Citons ici l'aveu de Luther : « La pratique est bien ancienne, dit-il, de brûler les livres méchants et vénéneux, comme nous le voyons par les Actes des Apôtres. » (1) Voici en effet le passage auquel le moine apostat faisait allusion.

Saint Paul étant venu prêcher l'Évangile à Éphèse, y fit un grand nombre de conversions. Or, dit le texte sacré, parmi les nouveaux chrétiens « il y en avait beaucoup qui s'étaient adonnés à des curiosités superstitieuses ; ils apportèrent donc tous les livres qui traitaient de ces matières et les livrèrent aux flammes devant tout le monde, et ayant fait la somme du prix de ces livres, on trouva qu'il y en avait pour cinquante mille deniers. » (2)

Dans toute la suite des siècles, la discipline ecclésiastique n'a pas varié à cet égard. Que l'on consulte un traité quelconque du *Droit canon*, on verra qu'il n'y a pas une époque de l'histoire de l'Église où l'on ne trouve des exemples de livres condamnés et interdits par l'autorité du Pape, des évêques ou des Conciles.

Assurément, rien de plus raisonnable et de plus sage. Il faut avoir l'esprit faussé par les

(1) S. Ligori. Théologie morale. L. I. Appendice III. C. 2.
(2) Actes des Apôtres XIX. 19

idées de liberté à outrance que nous respirons aujourd'hui avec l'air, pour voir en cela une oppression des consciences. Les fausses doctrines, la littérature immorale sont le poison de l'âme. Une mère n'a-t-elle pas le droit de veiller à ce que ses enfants ne soient pas empoisonnés ?

Qu'on le remarque bien d'ailleurs. C'est la *loi naturelle* elle-même qui interdit la lecture d'un livre mauvais. N'y eut-il aucune défense positive, personne ne peut, sans pécher plus ou moins grièvement, se permettre une lecture qui mette en danger sa foi ou ses mœurs, et il n'y a pas d'autorité au monde qui puisse donner validement cette permission.

L'Église ne fait donc autre chose, en proscrivant certains livres, que défendre ce qui n'est pas permis.

En mettant un livre à l'*Index*, elle vous avertit que ce livre est dangereux ; et cela étant, elle ajoute sa propre défense à celle que votre conscience vous fait déjà de le lire.

Le nombre des ouvrages condamnés et inter-

dits étant devenu avec le temps très considérable, et la situation politique de l'Europe au XVI°
siècle, rendant très difficile la publication des
condamnations nouvelles portées contre les écrivains de la Réforme, le Pape Paul III fit dresser
en 1542 le premier *Index* ou catalogue des livres
défendus. Ce travail fut révisé et refondu sous
les pontificats de Paul IV et de Pie IV par une
commission de dix-huit des Pères du Concile de
Trente ; ils établirent aussi les règles suivies depuis lors dans l'examen des livres.

Cet examen avait été confié d'abord à la Congrégation du Saint-Office. Ce fut le Pape Saint
Pie V qui institua une nouvelle Congrégation,
composée de Cardinaux et d'ecclésiastiques dis-
tingués par leur savoir et leur gravité, laquelle
fut uniquement chargée d'inscrire au Catalogue
les livres nouveaux dans lesquels on aurait
constaté un danger pour la foi ou les bonnes
mœurs. Telle est la *Congrégation* de *l'Index.*

L'abondance des productions malsaines rend
aujourd'hui sa tâche considérable. Assurément,
la *Congrégation* ne va pas recueillir, pour les
inscrire dans ses colonnes, toutes les insanités

ni toutes les turpitudes que la presse vomit jour-
nellement. Ce serait faire à nombre d'écrivains
un honneur qu'ils ne méritent pas. D'ordinaire la
Congrégation examine seulement les ouvrages
qui lui sont déférés.

Tous les ans, elle publie un fascicule des
livres qui ont pris rang à l'*Index*. Il ne sera
peut-être pas inutile de dire ici que l'on y ren—
contre la plupart des romans qui ont eu le plus
de vogue en notre siècle, entr'autres tous ceux
d'Alexandre Dumas père, en bloc, plusieurs de
Georges Sand, de Flaubert, de Balzac, etc., etc.

Quant aux conséquences de la mise à l'*Index*
d'un livre quel qu'il soit, NN. SS. les évêques
les ont fort nettement portées à la connaissance
des fidèles dans les circulaires qu'ils ont
publiées à propos de la condamnation des
Manuels. Les voici en substance :

Lire un livre mis à l'*Index*, le garder chez
soi, le prêter, le donner, le vendre, etc... est un
péché mortel. Il n'y a pas de doute à ce sujet
pour qui lit les règles édictées par Pie IV.

A *fortiori*, un instituteur qui ferait usage

dans sa classe d'un des *Manuels* condamnés, le ferait lire ou le lirait lui-même aux enfants, commettrait un péché mortel.

Les parents sont tenus en conscience de retirer leurs enfants d'une école où ces manuels sont en usage (1).

On remet ces livres à l'autorité diocésaine ou au curé de sa paroisse, qui les livre à l'évêque.

Aucune censure n'est encourue à raison de la violation d'une défense de l'*Index*. L'*Index*, *per se*, comme disent les théologiens, n'entraîne point l'excommunication. Mais on peut encourir l'excommunication en violant les défenses de l'*Index*, lorsque le livre dont il s'agit est d'un auteur apostat ou hérétique et qu'il enseigne ou soutient une doctrine hérétique, ou bien encore quand il a été spécialement défendu par *Lettres apostoliques*. Un tel livre rentre dans la catégorie visée par la seconde censure de la première série de la constitution *Apostolicœ sedis*.

(1) On verra d'ailleurs plus loin qu'ils en ont légalement le droit, attendu que ces *manuels* violent la neutralité de l'école.

De ce chef, l'usage de certains des *Manuels*
condamnés pourrait, à notre avis, entraîner
l'excommunication (1).

On prétendait autrefois que les décrets de
l'*Index* n'avaient pas force de loi en France.
La fameuse formule : *Index non recipitur in
Gallia* servait de rempart aux Gallicans et aux
Parlementaires contre les sévérités doctrinales
de Rome. Encore une de ces libertés de l'Église
Gallicane, qui aboutissaient fatalement à l'as-
servissement de l'Église à l'État. Quoi qu'il en
soit du bien fondé de cette prétention pour le
passé, il est certain que l'on ne trouverait pas
aujourd'hui un canoniste pour enseigner que
l'*Index* n'est pas reçu en France — à moins
peut-être que l'on n'aille chercher dans les
bureaux du Ministère.

Il y a peu de jours en effet que M. le Ministre
rappelait triomphalement à l'un de nos évêques
le prétendu privilège de l'Église de France.

(1) Tous soutiennent en effet la doctrine du *mariage
civil*. Celui de M. Paul Bert attaque directement le
miracle, etc., etc...

Il est absolument certain que les Décrets de la Congrégation de l'*Index* ne sont point *Lettres apostoliques* (1).

La preuve la plus péremptoire, à notre avis, est qu'ils n'en ressortent point les effets. Nous venons de voir que l'usage d'un livre condamné par *Lettres apostoliques* serait passible de l'excommunication, ce qui n'a point lieu pour la simple violation des Décrets de l'*Index*. D'autre part ils ne sont point revêtus des formes ordinaires des documents émanés de la Chancellerie, et l'on sait ce que valent les formes en pareille matière.

M⁅ᵍʳ⁆ l'évêque d'Annecy était donc parfaitement fondé à exciper de la nature des Décrets de l'*Index* pour décliner le chef d'accusation élevé contre lui par le Gouvernement, par suite de la promulgation des décrets. La loi de Germinal ne concerne en effet que la promulgation des Actes Pontificaux.

(1) Theologiæ moralis. Gury-Dumas, t. ɪɪ, p. 419. Édit. 2ᵉ.

LES

MANUELS D'ÉDUCATION

CIVIQUE ET MORALE

ET LA

CONDAMNATION DE L'INDEX

La loi du 28 mars a chassé Dieu de l'enseignement et le catéchisme de l'école.

M. Jules Simon ayant proposé d'inscrire en tête du programme de l'instruction primaire les *devoirs envers Dieu et la Patrie*, l'amendement a paru trop clérical aux francs-maçons législateurs et ils ont biffé Dieu.

Cependant il fallait quelque chose pour remplacer la religion absente ; on a trouvé l'*Instruction civique et morale.*

Les débats des Chambres ont suffisamment édifié le pays sur le caractère éminemment athée de cet enseignement dans la pensée de ses inventeurs. La morale, pour ne rien dire du civisme, doit être d'après ces gens-là, dégagée de tout lien à l'égard d'une *confession religieuse* quelconque.

En langage sectaire, cela s'appelle *la neutralité* de l'école, et en langage français, l'*athéisme*.

Or, la loi votée, il a fallu songer à pourvoir les écoles primaires d'un catéchisme de la nouvelle doctrine.

C'était engageant. Certes, un livre qui peut être proposé par M. le ministre de l'instruction publique aux instituteurs des 36,000 communes de France, et l'on sait qu'en cette matière entre un ministre qui propose et un ministre qui impose, la nuance n'est que dans les mots. — Cela promettait d'être lucratif.

Aussi les concurrents n'ont point manqué. Les *manuels d'Instruction civique et morale* ont poussé comme les champignons vénéneux dans les endroits malpropres ; chaque semaine en voit éclore de nouveaux. MM. les Instituteurs ou MM. les Maires, qui les distribuent gratuitement aux petits citoyens, sur les fonds des contribuables, n'ont plus que l'embarras du choix.

Le premier-né de la bande, celui de M. Paul Bert, avait devancé la loi elle-même. Il fut accueilli par la coalition de la conscience catholique et du patriotisme également révoltés.

Celui-là n'était pas le plus dangereux. L'auteur est trop haineux pour être habile ; il lui manque de savoir mettre au besoin de l'eau dans son fiel. Quand on veut donner aux enfants des leçons de jacobinisme et d'impiété, encore faut-il y mettre des formes.

D'autres se sont rencontrés pour administrer la même potion avec plus d'adresse. Ils pouvaient croire que les susceptibilités catholiques leur accordaient un laissez-passer.

Or, voici que le 15 décembre 1882, un décret de la *Congrégation de l'Index* a frappé en même temps que le manuel de M. Paul Bert, trois de ses congénères que leurs allures plus modérées semblaient mettre à l'abri de semblables rigueurs.

Il est aisé de hausser les épaules devant un décret de la *Congrégation de l'Index*. La libre-pensée qui ne sourcille pas devant l'excommunication, pourrait-elle s'émouvoir du cliquetis de ces vieilles armes rouillées ?

Cependant cette condamnation a soulevé une

tempête dans la presse irréligieuse de toute nuance. On dirait des taureaux piqués par les taons. Des colères mal dissimulées se trahissent à travers des plaisanteries grimaçantes.

Toutefois, ce n'est pas pour ces agréables avocats d'une cause pitoyable que nous prétendons expliquer la sentence du tribunal de l'*Index*. Ce n'est pas à eux que ces pages s'adressent.

C'est à vous, hommes du monde, tolérants par principes, modérés, conciliants, qui feuilletez ces petits livres et n'y trouvez pas matière aux anathèmes de l'Église ;

A vous, honnêtes conservateurs de tout parti, qui ne voulez pas de mal à la religion, dites-vous, et qui regrettez qu'elle parte en guerre contre des gens qui ne lui ont rien fait ;

A vous, catholiques, qui estimez que l'on ne nous crache point assez au visage dans ces petits livres pour qu'il soit nécessaire de nous fâcher ;

A vous, pères de famille, qui ne voyez pas quel si grand danger peuvent courir vos enfants à apprendre de la sorte le *civisme* et la *vertu ;*

A vous tous enfin, qui cherchez la vérité sans parti pris, et qui, touchés de l'air d'honnêteté de ces bons petits livres, ne vous expliquez pas les rigueurs dont ils sont l'objet.

Nous étudierons l'*Instruction civique et morale*
dans le manuel de M. Compayré. Nous prendrons
le volume qui porte la rubrique : *Degré moyen et
supérieur*. Il y en a en effet un autre pour le
Degré élémentaire ; mais il ne renferme autre
chose que la substance du premier mise en bouillie
pour les tout petits enfants.

M. Gabriel Compayré n'est point le premier venu.
M. Gabriel Compayré est membre de la Chambre
des Députés, professeur de Philosophie à la Faculté
des Lettres de Toulouse, etc., etc., etc., etc. Il y a
sur la couverture du manuel à la suite de son nom
six lignes bien comptées, pour la seule énumération
de ses titres.

Cette couverture elle-même pourrait bien inspirer
certaines réflexions aux gens qui regardent la
couverture des livres. On y voit une vignette où
s'étalent en trophée règle, compas, équerre.....
et marteau. Il y en a qui verraient du franc-maçon
dans ce frontispice de l'*Éducation civique et
morale* par M. Gabriel Compayré, membre de la
Chambre des Députés, etc., etc., etc., etc.

Grâce sans doute à la recommandation d'un nom
escorté de tant de titres, le manuel de M. Gabriel
Compayré paraît avoir le pas sur ses rivaux. C'est
encore la couverture qui nous renseigne à ce sujet ;

l'exemplaire que nous avons sous les yeux porte en vedette ce chiffre flatteur *56ᵉ mille.*

Les observations que nous avons à faire sur son livre portent pour la plupart sur ceux de ses collègues en *Instruction civique et morale,* visés avec lui dans le décret de l'*Index.* Le ton seul diffère : tapageur et violent chez M. Paul Bert, gourmé chez M. le pasteur J. Steeg, sentimental et patelin chez Mᵐᵉ Henry Gréville. La doctrine est identique : En politique, le dénigrement systématique de tout ce qui a précédé 89, le culte de la Révolution avant laquelle la société française était un peu au-dessous de l'état sauvage ; en morale, le naturalisme le plus absolu, le devoir basé uniquement sur les notions de conscience, de dignité humaine, de respect de soi-même et des autres ; puis la haine de la religion catholique qui suinte partout quand même elle n'est formulée nulle part.

A ceux qui trouveraient que nous parlons çà et là un peu fort, nous répondrions comme M. Jules Simon, dans la préface de son nouveau livre contre le Jacobinisme, (1) qu'à l'heure présente « il

(1) Dieu, Patrie, Liberté, par Jules Simon, 1883.

faut crier un peu pour avoir chance d'être entendu. »

Nous savons toute la sympathie que ces petits
livres rencontrent en haut lieu. Des évêques sont
déférés au Conseil d'État pour avoir dénoncé le
document pontifical, qui les condamne. Des prêtres
se voient privés de traitement pour en avoir parlé
en chaire avec peu de révérence. Les populations
de la Haute-Savoie n'oublieront pas la ridicule
équipée du préfet, toute la gendarmerie du pays
courant par monts et par vaux pendant vingt-
quatre heures pour protéger les intéressants manuels
contre les coups de la circulaire épiscopale.

Pour nous, nous n'avons pas à redouter l'honneur
d'être déféré au Conseil d'État ; nous ne recevons
rien du gouvernement, pas même une indemnité
de logement pour la cellule dont il nous a expulsé ;
nous n'avons donc aucune raison de ménager ses
pupilles. C'est pourquoi nous dirons notre pensée
en toute liberté, et puisque le loup est entré dans
la bergerie, nous crierons sans façon :

Au loup !

L'ÉDUCATION CIVIQUE ET MORALE

On se demandera peut-être pourquoi cette association fraternelle du civisme et de la morale. Les deux épithètes *civique et morale, morale et civique* se trouvent en effet accolées dans le titre des manuels, comme dans le texte de la loi elle-même ; seulement, les uns mettent la morale au premier rang, les autres, comme M. Compayré, donnent le pas au civisme.

C'est, répond M. Compayré « qu'il est impossible de devenir un citoyen si l'on ne commence pas par être un homme (1). »

Voilà qui est bien solennel. Et c'est pour cela que dans la pédagogie de la loi du 28 mars, l'enseignement moral est indissolublement uni à l'enseignement civique !

Et bien ! non. Vous nous permettrez de ne pas nous payer de mots, pas même de grands mots.

Si votre morale n'a pour but que de former des

(1) Préface p. VII.

hommes, il n'était pas besoin de vous mettre en frais ; l'enseignement religieux y suffisait.

La vraie raison, celle qu'on ne dit pas, c'est que dans le plan franc-maçonnique il faut façonner de bonne heure le petit citoyen à se passer de religion. Il faut tracer dans l'enfant les premiers linéaments du libre-penseur. Pour cela il est nécessaire de lui enseigner la morale indépendante. Celle du catéchisme remplirait mal le but. Certains enfants terribles du parti ont fait sur ce point, en plein Parlement, des aveux significatifs. La morale qui s'appuye sur des croyances religieuses n'est bonne qu'à faire des moines, (1) et ce sont des citoyens qu'il nous faut.

Vous voyez donc que l'éducation *morale* et l'éducation civique doivent aller de compagnie.

Ici M. Compayré a la malencontreuse idée de se réclamer du maître, M. Paul Bert, dont il cite le prodigieux passage que voici :

« L'enseignement civique et moral ! Je joins les deux mots avec intention : j'en ai le droit, puisque nous parlons de l'éducation dans une démocratie,

_____

(1) Voir les discours de MM. Corbon et Ferry, aux Chambres françaises, mars 1882. L'enseignement moral donné par la religion va à « *émasculer les intelligences* ». Ces gens là ont des expressions qui valent leurs idées.

et parce qu'il n'y a pas une forme de gouvernement qui les unisse aussi nettement ; car seule la démocratie repose sur l'une des bases les plus solides de la morale elle-même, c'est-à-dire sur l'idée de justice. »

Ainsi, d'après cette grande autorité, s'il y a un sens dans cet entassement de mots amphigouriques , l'on joint l'enseignement civique et l'enseignement moral parce que nous sommes en République , et que la République a les mêmes bases que la morale.

Eh bien ! c'est tant pis pour la morale.

LA FAMILLE

M. Compayré appelle tout d'abord l'attention du petit citoyen sur sa famille; et en attendant qu'il lui apprenne à « honorer ses père et mère », il commence par lui faire produire des actes d'admiration, de reconnaissance et d'amour à l'adresse de la Révolution.

« Réjouissez-vous, mes enfants, s'écrie-t-il, d'avoir un bon père et une bonne mère qui vous aiment, mais réjouissez-vous aussi d'être nés en un temps où le père et la mère sont pour leurs enfants des protecteurs, des amis, non des maîtres et des tyrans, où ils n'usent de leur autorité sur eux que pour leur bonheur.» (Le leur ou celui de leurs enfants? — Réponse, s. v. p.)

Oh ! ce n'était pas comme cela autrefois.

« Chez les anciens, chez les Grecs et les Romains, — on use beaucoup des Grecs et des Romains dans ces petits livres — le père n'était pas seulement le chef de la famille , il en était le maître absolu et le tyran. Il avait sur ses enfants le droit de vie et de mort... » (1).

Le christianisme, il est vrai, « a contribué à modifier, à adoucir les mœurs de la famille.»

M. Compayré est indulgent pour le christianisme. Il a écrit quelque part, dans son *Histoire des Doctrines de l'Éducation*, « qu'il serait injuste d'attribuer au christianisme la responsabilité exclusive de l'ignorance du moyen-âge.» Ce qui veut dire apparemment qu'il lui en revient une bonne part. Il lui décoche ici un compliment tourné avec la même délicatesse.

· C'est vraiment beaucoup d'honneur que M. Compayré fait au christianisme en reconnaissant « *qu'il a contribué à adoucir les mœurs de la famille.*» Cela se serait bien fait sans lui, et puis il n'a fait la chose qu'à moitié; mais enfin, un bon point en passant à la *religion nouvelle* qui a fait quelque chose pour l'adoucissement des mœurs, en attendant le grand jour.

Car, « même après l'établissement du christianisme et jusqu'à la Révolution française, le pouvoir paternel resta un pouvoir absolu, non plus sans

(1) Éléments d'éducation civique et morale, par Gabriel Compayré, 56ᵉ mille, p. 4.

doute le pouvoir d'un maître sur ses esclaves, mais le pouvoir d'un roi sur ses sujets.» Et partant « la famille resta soumise à un régime rigoureux et sé-vère. »

Ah! mes enfants, que vous devez de reconnais-sance à la Révolution! Entendez-vous, sans elle, votre père aurait sur vous le pouvoir d'un *roi* sur ses sujets !!

Naturellement, vient ici la rengaine obligée et si véridique sur les vocations forcées. « L'enfant nais-sait moine ou religieux, s'il plaisait à ses pa-rents.» (1).

— Vraiment! Et avec l'habit de l'Ordre, sans doute ?

Puis, abus criant, « au XVII° et au XVIII° siècles, à la veille de la Révolution, le père avait encore le droit de déshériter ses enfants. »

Quel comble d'horreur !

Ah! n'est-ce pas « on était loin des habitudes de douceur, de tendresse qui règnent aujourd'hui dans la famille. » (2).

Et si vous en voulez la preuve, mes enfants, on

(1) Éléments d'éducation civique et morale, par Gabrie Compayré, 56° mille, p. 5.

(2) Éléments d'éducation civique et morale, par Gabrie Compayré, 56° mille; p. 6.

vous racontera que Mᵐᵉ de Maintenon ne fut em-
brassée que deux fois par sa mère et encore « seulement au front, et après une longue absence. » Et
le célèbre Montaigne, — un bon ami des libres-penseurs pourtant, — écrivait : « J'ai perdu deux ou trois
enfants en nourrice. Il ne savait plus au juste le
nombre des enfants qu'il avait eu le malheur de
perdre. »

Pour un professeur de philosophie et de pédagogie, cela n'est guère sérieux. Évidemment, M. Compayré plaisante, nous n'osons dire qu'il se moque.
Lorsqu'on s'adresse à des enfants, se moquer serait
indigne. *Maxima debetur puero reverentia.*

Et cependant, on l'avouera, donner à entendre
que c'est la Révolution qui a appris aux pères et
mères à aimer leurs enfants, que cet usage ne remonte pas au-delà de 89, c'est... très fort.

Les anecdotes ne prouvent qu'une chose, l'érudi-
tion de celui qui s'en sert comme d'arguments.

Supposez que dans cinquante ans, on écrive
l'histoire des écoles laïcisées par la troisième République et que l'auteur s'exprime de la sorte :

Les enfants sortis de ces écoles étaient de
petits monstres ; on les y formait à tous les crimes,
y compris le parricide. Ainsi à Saint-Étienne, au
mois de décembre 1882, un enfant de quatorze ans,

réprimandé par son père, lui tira un coup de pistolet à bout portant. (Historique).

Un autre, à Camarès, près de Saint-Affrique, département de l'Aveyron, au commencement de février 1883, rentrait chez ses parents complètement ivre. Son père lui adressa de vifs reproches; alors le misérable, surexcité par le vin et la colère, s'empara d'un énorme coutelas, se rua sur son père, le terrassa et lui coupa le cou. (Historique).

On trouve dans les journaux de cette époque beaucoup de faits abominables qui prouvent que les écoles sans Dieu transformaient les enfants en bêtes sauvages.

Raconter ainsi l'histoire des susdites écoles témoignerait sans doute du parti pris et du peu de judiciaire de l'auteur. Mais voilà ce que c'est que de faire de l'histoire avec des anecdotes.

Après une démonstration aussi péremptoire des abus de l'autorité paternelle sous l'ancien régime, on peut condenser sous forme de *Résumé* le réquisitoire contre la famille avant 89 :

« L'autorité paternelle sous l'ancien régime était un pouvoir arbitraire et despotique... Il n'y

avait pas de loi précise qui protégeàt les enfants contre *les caprices et les duretés* de la volonté paternelle (1). »

Puis le maître fera développer dans les *Exercices*
ce thème substantiel : « Avant 89, la famille était
fondée sur le principe injuste de la force et de l'inégalité », et un peu plus loin, avec une variante « sur
l'inégalité et l'injustice. » — Pourquoi pas aussi
sur le bourreau, pendant qu'on y est ?

Certes, M. Compayré fait bien de nous rassurer
un peu en nous apprenant que par « une exception
heureuse », il y avait cependant autrefois quelques
familles « où l'on se laissait guider par les sentiments naturels. »

Laissons la grave question du droit d'aînesse
auquel la Révolution a enfin substitué l'égalité des
enfants devant la succession des parents. On a droit
de s'étonner que de telles questions soient traitées
à l'école primaire ; mais nous en verrons bien
d'autres. Tontefois, M. Compayré qui est intelligent, qui lit sans doute beaucoup, qui est assurément versé dans l'économie sociale, devrait bien
savoir que tout n'est pas bénéfice dans l'ordre de

(1) Éléments d'éducation civique et morale, par Gabriel
Compayré, 56ᵉ mille, p. 7.

choses créé par la Révolution. Nous prenons la
liberté de lui recommander l'ouvrage de M. Le
Play sur la *Réforme sociale en France* (1). Sans
chercher à établir ici avec le grave auteur « qu'un
père ne blesse pas la justice, qu'il lui rend au
contraire hommage, lorsqu'il prive de son héri-
tage un enfant vicieux », nous nous contenterons
de dire qu'il n'est pas nécessaire d'être bien *réac-
tionnaire* pour s'épouvanter de ce que M. Le Play
appelle les « conséquences antisociales » du partage forcé. Les gens à courte vue peuvent trouver
bon que la loi attribue à tous les frères et sœurs
un droit égal aux biens de la famille ; mais une
chose qui vaudrait mieux, ce serait qu'il y eût
dans la famille des frères et des sœurs.

Nous ne signalerons que pour mémoire, les plaisanteries d'un goût douteux sur les formules de politesse employées jadis par les enfants à l'égard de
leurs parents dans certaines familles. M. Compayré

(1) La Réforme sociale en France par F. Le Play, qua-
trième édition t, I., p. 286. La question du *partage forcé*
est magistralement traitée dans cet ouvrage. On ne voit
pas comment, après la lecture de cet exposé si serré et si
lumineux tout à la fois, il pourrait rester un doute sur le
vice radical de la législation révolutionnaire, à qui n'est pas
résolu à admirer la Révolution même dans ses plus colos-
sales sottises.

aime mieux recommander à ses disciples de
tutoyer père et mère. C'est plus affectueux.

— Dites : surtout, plus égalitaire.

Vraiment, on a donc bien peur que les enfants
n'excèdent dans le sens du respect.

Nous ne voulons point nous attarder non plus
autour d'un alinéa comme celui-ci :

« *Autrefois* la femme était considérée comme
l'inférieure de l'homme. On allait jusqu'à se demander si la femme avait bien une âme. Aujour-
d'hui la femme est dans le ménage l'associée et
l'égale du mari » (1).

Mon Dieu, que d'équivoques un habile homme
peut accumuler en quatre lignes !

Nous nous abstiendrons même de chercher au
fond d'une phrase comme celle-ci :

« L'autorité des parents sur leurs enfants a précisément cet intérêt (des enfants) pour principe. »

On fait bien quelquefois de ne pas parler clair,
n'est-ce pas ?

Mais nous voulons dire l'impression que nous
laisse ce chapitre sur la famille — il serait mieux
de dire — contre la famille.

(1) Eléments d'éducation civique et morale par G. Compayré, p. 11.

Eh ! bien, c'est un triste début pour *l'éducation civique et morale.*

Non, quand il serait vrai que la Révolution ait mis ordre aux excès et aux abus de l'autorité paternelle, ce n'est pas là la première chose à enseigner à l'enfant.

Non, la première chose à faire en lui montrant son père, ce n'est pas de prononcer les mots de *despotisme, de pouvoir absolu et arbitraire,* en y ajoutant les épithètes odieuses de *monarchique et de féodale.*

Non, il n'est pas tellement urgent d'inculquer à ces jeunes âmes le culte de la Révolution, qu'il faille tout d'abord humilier devant l'idole l'autorité paternelle.

Non, une fois encore, quand il serait vrai que grâce à la Révolution l'enfant est aujourd'hui protégé contre *les caprices et les duretés* de son père, ce n'est pas par là qu'il faut commencer son éducation ; il faudrait lui apprendre auparavant à respecter son père et à lui obéir.

Sans comparaison, cette instruction civique et morale joue ici le rôle des valets scélérats qui aident les fils de famille à se mettre hors de pages.

Et maintenant le coup est porté. Sous les yeux de l'enfant vous avez infligé une correction à son père.

Selon la méthode de la Révolution, vous avez parlé à l'enfant de ses droits avant de lui parler de ses devoirs.

Vous lui avez dit que son intérêt à lui, est le principe de l'autorité de ses parents sur lui.

Vous avez commencé son éducation par amoindrir à ses yeux l'autorité paternelle pour exalter d'autant la Révolution.

Soyez sûrs que cette première leçon sera comprise.

Après cela vous pouvez prêcher au petit citoyen l'obéissance et le respect, les souvenirs d'*autrefois* lui fourniront la réplique ; et quand l'autorité paternelle viendra gêner l'essor de sa jeune liberté, ne doutez pas que le nourrisson du *Manuel* ne sache répondre : Ça ! père, nous ne sommes plus sous l'ancien régime.

Un tel renversement des principes d'éducation s'explique chez les dévots de la Révolution, surtout quand ils ne sont point pères de famille. L'autorité est la tête de Turc de la Révolution ; à ses yeux le père a le tort impardonnable de représenter l'autorité. Naturellement la Révolution a pris parti pour les enfants contre les pères. Que ses adorateurs lui fassent honneur de cette œuvre de désordre, c'est leur affaire et leur métier.

Mais, que les pères de famille se prêtent béné-
volement à la déchéance qu'on leur impose ;

Qu'ils consentent à faire dans leur maison et
devant leurs enfants le personnage d'un député
devant ses commettants auxquels il devra rendre
compte de la gestion de leurs intérêts ;

Qu'ils mettent entre les mains de leurs bambins
des livres classiques qui leur enseigneront tout
d'abord que le code civil leur garantit des droits
sur le bien de leurs pères, que, grâce à la glorieuse
Révolution, ils sont maintenant à l'abri « des caprices et des duretés de l'autorité paternelle », en un
mot que leur vrai Père, c'est l'État qui les protège
contre l'autre ;

En vérité, il nous semble que ce serait pousser la
bonhomie jusqu'à un point où elle s'appelle d'un
autre nom — la sottise.

Pères de famille, que vous en semble ?

Très ferré sur ses droits, le petit citoyen va maintenant étudier ses devoirs envers père et mère.

On lui enseigne successivement qu'il leur doit amour, obéissance, respect, reconnaissance, etc..., puis, un dernier paragraphe lui apprend qu'il faut aussi aimer ses frères et sœurs.

Eh bien ! voilà qui est parfait, n'est-ce pas ? C'est tout comme dans le Catéchisme.

Mon Dieu ! c'est vrai, sauf une nuance. Le Catéchisme commente ce vieux et naïf langage :

> Tes père et mère honoreras,
> Afin de vivre longuement ;

Et il appelle cela le 4me *Commandement de Dieu*. C'est ici qu'est la nuance.

Le Catéchisme dit : Enfant, tu dois à tes parents amour, respect, obéissance ; car Dieu te l'ordonne, et si tu ne le fais pas, tu auras à lui en rendre compte.

La morale indépendante dit par la plume de M Compayré : « Aimez vos parents, mes enfants, c'est le premier de vos devoirs (1). »

(1) Éléments etc., Compayré, p. 13.

D'abord, maître, ce n'est pas vrai ; si vous n'avez pas oublié les leçons précédentes, vous devez dire que c'est seulement le second. Le premier devoir, c'est la reconnaissance et l'amour envers la Révolution, sans laquelle nos parents seraient encore, comme sous l'ancien régime, d'abominables tyrans.

Mais ne chicanons pas pour une question de numéro.

La seule différence qu'il y ait jusqu'ici entre le Catéchisme et le Manuel, c'est donc que le Catéchisme parle de Dieu et le Manuel n'en parle pas. Mais c'est bien quelque chose.

Supposez deux édifices entièrement semblables d'aspect. Mêmes matériaux, mêmes dimensions, même nombre de fenêtres en façade, mêmes balcons et mêmes pignons. Il n'y a qu'une différence, et encore elle ne paraît pas. L'un a des fondations profondes et porte sur le roc vif ; l'autre est posé sur le sol sans plus de façon.

Ces deux manières de bâtir une maison diffèrent notablement. L'Évangile donne à l'un et à l'autre maçon l'épithète qui lui convient. L'un s'appelle l'homme sage, et l'autre s'appelle... le fou (1).

Nous sommes fâchés de la crudité du mot ; car

____

(1) ...Similis erit viro *stulto* qui ædificavit domum suam super arenam (Matth. VII. 26.)

il va directement à l'adresse de MM. les professeurs de morale indépendante.

Il faut le répéter à satiété pour ceux qui se laissent prendre aux belles apparences de l'édifice. On peut donner, en se passant de la religion, des leçons de morale irréprochable, enseigner les vertus les plus sublimes ; cela est facile chez un peuple baptisé qui a respiré pendant quatorze siècles une atmosphère imprégnée d'héroïsme chrétien. Mais les professeurs auront beau faire ; leur batisse pèche par la base.

On vient d'achever à l'école un *cours de piété filiale* parfaitement correct, comme celui de M. Compayré, avec exemples à l'appui, tirés des Grecs et des Romains. On croit avoir fait merveille. Hélas ! l'Évangile à la main, il est permis de prophétiser. — Un jour viendra, qui n'est pas loin ; l'orage s'élève, le vent souffle, vent d'orgueil et d'indépendance ; toute la batisse se détraque et croule.

De retour de l'école où l'on ne parle point de Dieu, mais où en revanche on parle plus qu'il ne faut de liberté et de progrès, le petit citoyen se moquera bel et bien de ses parents et laissera à ceux qui suivent encore l'ancienne méthode le soin de pratiquer l'obéissance et le respect.

Certes, l'inclination naturelle, le sentiment, la raison, le souvenir des bienfaits reçus, tous ces ressorts que l'on essaie de mettre en jeu pour affermir dans le cœur de l'enfant la piété filiale, c'est quelque chose sans doute. L'enseignement religieux n'a garde de négliger ces bases humaines du devoir.

Mais croire que tout cela soit bien efficace, s'imaginer qu'à l'école primaire il suffise de disserter pour amener à la pratique, et que c'est avec des considérations que l'on fait entrer dans l'âme des enfants de sept à treize ans, l'attachement à leurs devoirs, c'est une belle chimère, flatteuse pour l'amour-propre philosophique, mais qui s'évanouit devant les leçons de l'expérience.

L'inclination naturelle « *l'amour instinctif pour les parents* », comme il vous plaît de l'appeler, ne s'étend guère plus loin que l'intérêt dans lequel il prend naissance. La vérité est que l'enfant est *instinctivement* égoïste ; il aime *instinctivement* ses parents pour le profit qu'il en tire. Par sa pente naturelle, l'amour vrai, l'amour désintéressé descend des parents aux enfants, mais il ne remonte pas.

Vous appelez le raisonnement à la rescousse : « Que l'enfant qui ne se sent pas porté à aimer ses parents, ne se décourage pas. Qu'il réfléchisse à tout ce qu'il leur doit, etc... »

Oui, oui, qu'il réfléchisse. — Allons, réfléchis, mon ami. — Seulement, en attendant que le petit citoyen ait le désir ou le pouvoir de réfléchir, de raisonner et de conchure, si on lui disait que Dieu lui commande d'aimer ses père et mère et qu'il punit les mauvais fils qui manquent à leur devoir, tenez pour certain qu'on aboutirait plus sûrement et plus vite.

Ces messieurs de l'instruction civique et morale sont travaillés de la peur de Dieu. Nous verrons cependant que M. Compayré lui consacre à la fin de sa morale une ou deux leçons. Ne l'ayant pas mis à la base de l'édifice, il lui a fait une petite place sur le toit. Mais en attendant, quelle peine on est obligé de se donner pour échafauder une doctrine bien *laïque* des devoirs de l'enfant dans sa famille, pour exclure Dieu d'un enseignement qui ne peut se passer de lui !

Voyez, par exemple, comment on s'y prend pour inculquer au petit citoyen le devoir de l'obéissance.

On lui dit que c'est son intérêt d'obéir, et on essaye de le lui prouver. La première raison, c'est, lui dit-on, qu'il est *incapable de se conduire.* —Fort bien, mais il l'est encore davantage de goûter vos démonstrations. — Le Manuel se servira plus tard du même argument pour persuader à son disciple devenu électeur de campagne qu'il faut lire les journaux, — les bons journaux, cela s'entend, ceux qui encensent la république, — sans quoi les paysans n'ayant pas assez de lumières pour se conduire, s'exposeraient « à mal voter ».

Mais poursuivons.

« Toute désobéissance, *petite ou grande*, est suivie tôt ou tard de son châtiment (1). » — Ah! par exemple, est-ce bien sûr? L'on voit cependant des enfants très désobéissants, très paresseux, très cancres réussir fort bien. Témoin M. Gambetta. Voici une note laissée par ses maîtres dans le journal du Petit-Séminaire où le grand citoyen fit ses premières études: « Léon Gambetta est un petit enfant sale, malpropre, nature emportée, caractère espiègle, intelligent néanmoins. » Certes, ce ne sont pas là les allures d'un enfant soumis. Et pourtant, le gaillard a joliment fait son chemin.

Que répondre à l'objection? — Que le châtiment vient cependant sous une forme ou sous une autre, un peu plus tôt un peu plus tard; il vous faudra ajouter — dans cette vie ou dans la vie future.

(1) Éléments, etc. Compayré, p. 17.

Mais qui donc envoie ce châtiment? Quel est donc ce Maître si clairvoyant « si attentif à ne pas laisser passer une désobéissance, *petite ou grande*, sans la punir? »

Voilà Dieu à la porte de l'école, qui demande à entrer, qui entre presque dé force.

— Passez vite, M. l'Instituteur, vous seriez obligé de mettre Dieu dans la morale, de dire que la Providence s'occupe de nos affaires et se mêle parfois de nous punir. Cela blesserait les scrupules des gamins matérialistes et athées, *scrupules très respectables*, disait l'autre jour M. Schœlcher en plein Sénat.

Une violation de la neutralité de l'école! Un délit!

Nous ne sommes pas au bout. Les arguments vont *crescendo*. Voici la perle.

« Il y a une autre raison encore qui rend l'obéissance obligatoire; c'est que la volonté de vos parents représente la loi morale et *la loi civile* auxquelles il faudra toujours obéir (1). »

Ouf! qu'est-ce que cela veut dire, M. l'Instituteur? On a dû vous traduire cela en langue française à l'École Normale. C'est égal, si vous en tirez

(1) Éléments, etc. Compayré, p. 17.

quelque chose pour la formation du cœur de vos disciples, vous en saurez plus que vos maîtres.

Pauvres enfants de nos vingt-cinq à trente mille communes rurales ! — Et dire que c'est avec ces abstractions et ces balivernes sonores qu'on prétend faire de vous des hommes..... et des Français !

D'ailleurs, si les mots ont encore un sens, il y a ici deux énormités, qui à elles seules justifieraient la condamnation dont l'Église frappe le livre où elles s'étalent.

La première consiste à installer sur le même trône et à confondre dans le même droit au respect et à l'obéissance *la loi morale* et *la loi civile*. C'est la doctrine exorbitante et hérétique de la Révolution, que rien n'est au-dessus de la la loi civile.

Mais, au-dessus de la loi, il y a le droit, parce qu'il y a Dieu. Il faut toujours obéir à la loi morale, c'est vrai ; parce que ce qu'il vous plaît d'appeler ainsi, c'est la loi naturelle des mœurs, qui est après tout, la loi de Dieu auteur de la nature ; mais, à la loi civile, non, il ne faut pas toujours lui obéir.

La loi civile, depuis surtout qu'elle fait profession d'athéisme, est exposée à contredire parfois la loi de Dieu ; et alors, fut-elle émanée de toutes les majorités du monde, non, il ne faut pas lui obéir.

C'est la loi morale qui le défend ; car il est juste

d'obéir à Dieu plutôt qu'aux hommes, — n'en déplaise aux sectaires que cet axiôme du bon sens
moral fît trépigner, on s'en souvient, en plein Parlement français.

Au temps où la loi civile était la volonté de
César, les chrétiens refusaient obéissance à la loi
civile, parce qu'il lui arrivait de prescrire des choses
contraires à la conscience. Ils disaient : *Non pos-
sumus.* Après quoi, on pouvait les faire mourir,
mais on ne les faisait pas obéir.

Libre aux doctrinaires de la Révolution de prendre parti pour les bourreaux; leur principe les y
oblige et ils ne s'en défendent pas. Jusqu'à eux
l'humanité a jugé que ce sont les martyrs qui
avaient raison et qu'en mourant plutôt que d'obéir
à une loi injuste, ils ont sauvé de la plus hideuse des
tyrannies la dignité de l'âme humaine et sa liberté.

Le régime républicain a déjà mis au jour
plus d'une loi à laquelle, dans des circonstances
données, on peut être tenu de ne point obéir.
Quand à l'école, par exemple, la neutralité est
systématiquement violée, la religion outragée par
railleries ou par mensonges, non seulement le père
de famille n'est pas tenu d'obéir à la loi qui lui
impose d'y envoyer son fils. — C'est au contraire
la désobéissance qui est alors un devoir.

Il faudrait étendre cette restriction de l'obéissance due à la loi civile jusqu'à celle qui est due
aux ordres des parents. M. Compayré enseigne que
l'obéissance filiale doit « s'étendre à tout, doit être
absolue. » Pas le moindre correctif pour sauvegarder les droits de la conscience de l'enfant dans
le cas où il se trouverait en présence d'une injonc-
tion mauvaise. Non, « il n'y a pas de désobéissance
permise, quelque légère qu'elle soit. » (1)

Voilà les gens qui reprochent à l'Église d'avoir
exagéré, au temps où son influence était prépondé-
rante, l'autorité paternelle au détriment des droits
de l'enfant. Jamais pourtant l'Église n'est allée si
loin que ces messieurs ; jamais elle n'a enseigné
que le droit du père à l'obéissance de l'enfant fût sans
limite ; et jamais elle n'énoncera sous forme de
proposition doctrinale, comme on le fait ici, que
« *l'enfant doit obéir à ses parents en toutes
choses* » ; car, aussi bien que l'État, le père ou la
mère peuvent un jour commander une chose ma-
nifestement coupable, et alors il est faux « qu'il
n'y ait pas de désobéissance permise. »

Ainsi, après avoir réclamé au nom de l'autorité
paternelle méconnue et déprimée par la Révolu-

(1) Éléments, etc., Compayré, p. 21.

tion, voilà qu'il nous faut revendiquer le droit de la conscience des enfants, contre cette même autorité exagérée par la Révolution.

Cela s'explique. Quand Dieu n'est plus à sa place, les principes pas plus que les personnes ne peuvent rester à la leur. Privé de fil conducteur, le moraliste, aussi bien que l'homme d'État, s'en va chopper à chaque pas, tantôt à droite, tantôt à gauche.

C'est à eux que le vieux prophète d'Israël aurait dit : Jusqu'à quand voulez-vous boiter ainsi des deux jambes!

La seconde énormité — le mot est doux — que nous avons à relever ici, consiste à donner la *loi civile* pour principe à l'autorité paternelle. Doctrine abominable qui, après tout, n'est qu'une application partielle de la théorie de l'*État-Dieu*, l'idée-mère et l'hérésie fondamentale de la Révolution.

L'État selon la Révolution élimine Dieu de partout, mais toujours avec la formule du valet audacieux et malappris : Ote-toi de là que je m'y mette.

Tout pouvoir vient de Dieu (1), voilà le principe

(1) Non est potestas nisi a Deo. *Rom*. XIII, 1.

chrétien, dans lequel l'autorité trouve tout ensemble sa consécration et ses limites, et la liberté humaine, ses garanties. Hors de là, il ne peut y avoir qu'insubordination sans mesure ou tyrannie sans frein ; et toute société est condamnée à osciller perpétuellement de l'anarchie au despotisme, et du despotisme à l'anarchie.

Nous n'avons pas à exposer ici comment et par quels canaux l'autorité descend. Que ce soit par l'intermédiaire du suffrage des *sujets* de l'autorité, ou par une investiture naturelle, comme dans le cas de la paternité, il importe peu à la question. Mais ce qui révoltera toujours un homme intelligent non aveuglé par l'esprit sectaire, c'est la prétention monstrueuse qui se cache ici sous la petite phrase du Manuel : « Il y a une autre raison encore qui rend l'obéissance obligatoire ; c'est que la volonté de vos parents représente la loi morale *et la loi civile* auxquelles il faudra toujours obéir. » Car, si cela a un sens, cela veut dire que le père de famille tient de l'État, au moins pour une part, son droit à l'obéissance de ses enfants ; les enfants seraient obligés d'obéir à leurs parents, parce que l'État a conféré aux parents le pouvoir dans leur maison.

Cela découle en effet du principe proclamé par

Danton : « L'enfant appartient à l'État avant d'appartenir à la famille. »

Mais alors, où en sommes-nous, grand Dieu! Si jusque dans le sanctuaire de la famille, c'est au nom de l'État que le pouvoir fonctionne, si le père de famille n'exerce chez lui qu'une magistrature dérivée de l'État à peu près comme celle du préfet, du commissaire de police ou du garde champêtre, alors il faut dire que l'État est le foyer, la source, le principe unique de tout ce qu'un homme peut avoir de pouvoirs et de droits, y compris le pouvoir de vivre et le droit de se chauffer au soleil.

Et de fait, les législateurs de la Révolution daignèrent bien un jour décréter que les citoyens avaient le droit *d'aller et de venir*. Il paraît que ce droit n'existait pas avant que l'État voulût bien l'octroyer à un chacun.

Ainsi, on ne peut avoir de droit que de l'État et par l'État. L'État crée le droit de toutes pièces.

Tant qu'il n'a pas dit son *Fiat*, le droit n'existe pas.

Si monstrueuse qu'elle soit, cette théorie tend à passer dans l'ordre des faits. L'iniquité dont les religieux de France ont été victimes en 1880, n'a-t-elle pas été accomplie sous le couvert de cette

misérable équivoque qu'ils n'étaient pas *autorisés?*
C'est la traduction brutale du principe révolutionnaire qui fait émaner tous les droits de la volonté
de l'État.

Or, l'État n'ayant pas encore, que nous sachions,
autorisé les gens à porter un chapeau ou à boire à
la rivière, ceux qui se le permettent pourraient
tout aussi raisonnablement se voir déférés à la
justice comme coupables de contravention.

Nous ne demanderons point à M. Compayré,
professeur de philosophie, comment l'autorité
paternelle, antérieure par la nature des choses à la
société, et partant à toute loi civile, peut être
fondée cependant sur la loi civile.

Qu'il nous suffise de dire que rattacher à la loi
civile comme à son principe le pouvoir du père de
famille, c'est affirmer de la façon la plus auda-
cieuse la divinité de l'État; c'est du moins introni-
ser l'État à la place de Dieu.

Et comme l'État, dégagé de toutes les fictions,
dépouillé de toutes les draperies qui abusent les
simples, c'est toujours César, César-Néron, César-
Vitellius, César-Louis XIV, César-Robespierre,
César-Napoléon, César-Gambetta, en attendant

César-Nouvelles-Couches, César à une tête, ou César
à deux, trois, quatre, dix têtes — cela ne va guère
au delà, — on voit d'ici ce qu'il y a dans un mot,
lorsque ce mot est l'enseigne d'une doctrine.

Et voilà pourquoi ceux qui ont souci de la dignité
humaine cherchent querelle à certains mots.

Non, nous n'admettons pas que l'obéissance *soit
obligatoire* pour les enfants, « parce que la volonté
des parents représente la loi civile. »

Nous n'admettons pas que la puissance paternelle descende de la loi civile.

Nous n'admettons pas que les parents tiennent
de l'État leur pouvoir sur leurs enfants.

Parce que cela c'est mettre l'État à la place de
Dieu, et que nous ne voulons pas du dieu État.

Si cette intrusion abominable pouvait quelque
jour porter tous ses fruits, ce serait l'ère d'une
tyrannie comme le monde ancien n'en a pas vu.
Les peuples apostats apprendraient par expérience
que, sous le couvert de la liberté, la Révolution
leur a apporté l'oppression la plus cynique et la
plus hideuse servitude.

L'ÉCOLE

Ici, la leçon débute sur le ton lyrique.

« Tout est en progrès dans l'école; l'école elle-même qui est plus spacieuse, plus aérée; la discipline qui est plus douce, — allez-y voir, — l'instituteur qui est plus instruit (1). » — Ah! si les morts pouvaient parler!

Mais, « ce qui a surtout progressé, ce qui progressera encore, c'est la nature de vos études. »

Et les élèves, donc? — Eux seuls sont oubliés dans cette revue générale du progrès à l'école.

Hélas! on verra demain. La Révolution fait en ce moment une expérience dans ses laboratoires; elle traite l'âme des enfants par ses procédés à elle. Ce qu'il y a de vraiment neuf dans le système, c'est qu'on se passe de religion. Dieu protège l'expérience.

Si encore on expérimentait selon la vieille règle *in anima vili*, sur des chiens par exemple, comme M. Paul Bert!

(1) Éléments, etc.: Compayré, p. 30.

3

Voulez-vous maintenant savoir pourquoi c'est surtout « la nature des études » qui est en progrès à l'école primaire, on vous répond : « Aujourd'hui on ne vous enseigne que des choses utiles et nécessaires, l'arithmétique qui... l'histoire et la géographie qui... la morale, pour que... la gymnastique, pour que... »

Ici s'arrête l'énumération.

Et comme le catéchisme et l'Histoire sainte, c'est-à-dire la religion, sont au nombre de ces choses qu'on enseignait autrefois, mais que l'on n'enseigne plus aujourd'hui, parce que aujourd'hui on n'enseigne *que des choses utiles et nécessaires*, il s'ensuit naturellement que la religion, l'Histoire sainte et le catéchisme ne sont point *des choses utiles et nécessaires*.

On a donc retranché du programme ces inutilités ; et voilà pourquoi, mes enfants, « ce qui a surtout progressé à l'école, c'est la nature de vos études. »

Et si l'on nous dit que nous forçons à plaisir la pensée de l'auteur, qu'il ne dit pas expressément que la religion n'est point du nombre « des choses nécessaires et utiles » et que c'est pour cela qu'on l'a biffée dans le programme, nous demanderons alors qu'on veuille bien nous expliquer ce que signi-

lie cette innocente petite phrase: « Aujourd'hui,
on ne vous enseigne que des choses utiles et nécessaires. »

On enseignait donc autrefois des choses qui
n'étaient point utiles ou nécessaires.

Or, les retranchements faits au programme de
l'instruction primaire ne portent que sur l'enseignement religieux.

Donc.....

Il nous semble que le syllogisme tient sur ses
pieds. Que M. le professeur de philosophie
daigne conclure.

Oh! il lui arrive bien d'autres fois de gazer ;
il ne faut pas effaroucher les gens. Cela les
ferait fuir, et le coup serait manqué.

Nous ne troublerons pas la réclame que l'on fait
à la République pour avoir amélioré les locaux
scolaires. Qui songerait à lui en vouloir, si ce beau
zèle n'avait pour mobile que le bien-être des enfants
du peuple et le développement de l'instruction
primaire? On ne regarderait même pas de trop près
aux gaspillages insensés qui se commettent depuis
quelque temps dans la construction des écoles.

Dernièrement nous admirions l'architecture monumentale de ce qu'on appelle un groupe scolaire, tout récemment bâti dans un des quartiers les plus pauvres de Marseille. — N'est-ce pas que c'est beau, M. l'abbé, nous dit un brave ouvrier? — Superbe ; la République fait bien les choses. — Eh ! bien, vous saurez que les mères de presque tous les enfants qui fréquentent cette école s'en vont chaque lundi recevoir un bon de pain chez le curé de la paroisse.

Mais le peuple étant souverain, pourquoi ne le logerait-on pas dans des palais, au moins pendant qu'il suce le lait de la République ?

Faites donc tout à votre aise admirer à vos nourrissons la bonne tenue et la propreté de l'école, « les cartes murales », la douceur de la discipline, la science de l'instituteur, et ne vous gênez pas pour maudire « la misérable échoppe d'autrefois qui, après le départ des écoliers, servait de cuisine à l'instituteur ou de cabaret aux oisifs du village » ; alors que « les verges, les férules étaient en honneur, et que l'on fouettait les écoliers, comme les anciens fouettaient leurs esclaves. »

Temps barbares, âges d'ignorance et de ténèbres où « *déchiffrer les vieux manuscrits* était la

suprême science de l'instituteur. » — Ils sortaient
tous de l'École des Chartes !

Mais en vérité, est-il donc nécessaire pour les
besoins de la cause d'accoutumer de si bonne heure
les enfants à ce mépris profond pour tout ce qui
n'est pas de ce temps ?

A notre humble avis, c'est pousser la manie trop
loin. Cela donne sur les nerfs à ceux qui ont lu
quelque chose et qui savent que le soleil n'a pas
été créé avec la République. Le dédain est la mala-
die des esprits étroits. Il ne faudrait pas l'enseigner
aux enfants. On ne voit pas que ce soit une de ces
choses « utiles et nécessaires » qui doivent figurer
au programme débarrassé des superfluités d'autrefois.

Il y aurait bien quelques réserves à faire sur certaines propositions jetées çà et là au cours du
panégyrique de l'école républicaine.

L'instruction, y lisons-nous, est le plus grand
des trésors. « L'homme instruit a plus de force
morale que l'ignorant pour résister au mal. »

Ah ! nous savons bien que la secte qui élimine la
religion du gouvernement de la vie humaine,
prétend la remplacer par la *science*, qui doit suffire

à tout. Mais nous savons aussi que ce n'est pas la science qui rend l'homme meilleur. La science est une arme pour le mal comme pour le bien. — Scélérat pour scélérat, nous préférons de beaucoup le scélérat ignare au scélérat lettré.

Mais voici une autre note agaçante.

Nous professons une grande sympathie pour l'honorable corps des instituteurs ; mais c'est à cause de cela même que nous ne voudrions pas qu'on le rendît ridicule. C'est à quoi semblent viser nos Manuels.

On sait quel rôle est attribué à l'instituteur dans la pensée des hommes qui conduisent le pays vers l'idéal de la Révolution. C'est lui qui doit remplacer le prêtre. M. Clovis Hugues disait, il y a quelques semaines à la tribune, que le vrai curé dans la République, c'est l'instituteur, et que l'évêque, c'est le ministre de l'instruction publique.

M. Compayré et ses collègues en instruction civique et morale, font chorus à ces réclames burlesques.

Ce pauvre instituteur, à force de le hisser sur le piédestal et de lui imposer une auréole faite pour égales parts de science, de vertu et d'amour de la République, on finit par en faire un personnage amusant.

C'est fâcheux pour son prestige.

Et puis, on a beau mettre dans la bouche d'un élève intelligent une phrase comme celle-ci : « Je pense qu'après nos parents l'instituteur est l'homme que nous devons le plus honorér et respecter », — ce tour ingenieux dissimule assez mal le trait décoché en passant à l'adresse du prêtre. Le prêtre est sans doute dans le village bien au-dessous de l'instituteur, et il doit lui céder le pas dans l'honneur et le respect.

Après tout, le prêtre est seulement le ministre de *l'un des cultes salariés par l'État*, comme on le dira plus loin, et il n'enseigne aux enfants que la religion et le catéchisme, qui ne sont point du nombre « des choses utiles et nécessaires ».

Mais, nous oserons le dire, ce qui nous révolte dans ce chapitre du manuel Compayré sur l'École, c'est la leçon qui a pour titre : « L'instituteur modèle : Pestalozzi. »

Qu'est-ce donc que « le célèbre Pestalozzi » ? Car enfin on ne peut ignorer « qu'entre tous ceux qui ont honoré le beau nom d'instituteur, la reconnaissance de l'humanité doit mettre au premier rang *le célèbre Pestalozzi.* » (1).

On connait peu en France cette perle des instituteurs. Heureusement nous avons des écrivains et des discoureurs qui éprouvent le besoin d'aller chercher à l'étranger des types de toutes les vertus, pour n'être point obligés de rendre à nos gloires nationales un hommage qui rejaillirait sur l'Église catholique. Il fallait un instituteur modèle, on s'est adressé à la Suisse protestante, et on en a rapporté « le célèbre Pestalozzi. »

Or donc, voici à peu près ce que l'on peut savoir de Pestalozzi en consultant Michaud, Larousse et semblables auteurs de Dictionnaires biographiques,

(1) Éléments, etc., Compayré, p. 35.

qui ne manquent guère l'occasion d'être désagréables aux catholiques.

Pestalozzi, d'abord prédicateur manqué, se mit à lire l'*Émile* de Rousseau et y puisa l'idée de réformer le genre humain par l'application de la méthode de ce rêveur. Imbu jusqu'à la moëlle des idées du maître, il était persuadé, dit Michaud, « que la civilisation européenne était un contre-sens. » Jusqu'à lui, les systèmes d'éducation avaient été simplement absurdes. Le sien devait avoir pour base la nature elle-même. « Il n'avait pas seulement pour objet de développer les facultés de l'enfant, dit un de ses panégyristes, il se proposait de les développer conformément à la marche progressive de la nature !! »

« Il pose en principe, dit un autre, que toute instruction doit avoir pour base l'*intuition sensible et intellectuelle.* »

Le sens de ces logogriphes, c'est qu'il ne faut enseigner aux enfants, comme disait l'année dernière à la tribune M. Corbon, *que ce qu'ils peuvent comprendre* — lisez, pas de dogmes, pas de mystères, pas de religion.

En effet, Pestalozzi mit complètement de côté la religion dans son système d'éducation. C'est par

3.

là surtout qu'il se recommande aux suffrages des réformateurs de nos écoles.

Après cela, il paraît que Pestalozzi, avait une belle âme, un bon cœur, mais peu de cervelle. Il recueillit de pauvres enfants dans une sorte de colonie agricole, qui eut une existence agitée plus encore par les disensions intestines que par les tracasseries du dehors, et fut enfin dissoute en 1825, du vivant du fondateur, par le Gouvernement de Vaud ; et cela, dit Michaud, « pour *des motifs graves*, sur lesquels nous nous abstiendrons de prononcer. » A notre avis, il ne faudrait pas trop remuer ces *motifs graves*, qui déterminèrent le gouvernement de Vaud à fermer l'Institut d'Yverdon ; il s'en exhalerait autre chose que des parfums de vertu. Une agglomération d'enfants et de jeunes gens, élevés selon la méthode de la nature, ne devait guère ressembler à un Cénacle.

Somme toute, Pestalozzi fut une manière d'empirique pédagogue, philanthrope estimable à certains égards, âme généreuse, mais esprit présomptueux et chimérique, qui eut le tort de se croire plus sage que le genre humain. Il consuma ce qu'il avait d'esprit et de dévouement dans une œuvre ingrate et stérile, comme tout ce qui est fondé sur l'erreur.

Mais, admettons que Pestalozzi ait bien mérité de son pays ; nous mêmes, nous lui tiendrons compte de ses bonnes intentions. Qu'on ne nous donne pas toutefois ses rêves aventureux pour des éclairs de génie, et son humanitarisme pour le dernier mot de la charité.

Et puis, sérieusement, quand il s'agit de trouver un type d'instituteur, un homme en qui le bon sens pratique s'allie au dévouement, à l'abnégation et à la modestie, est-il donc vrai que nous en soyons réduits à aller mendier hors de nos frontières ?

Et qu'on ne dise pas que le nom de Pestalozzi a été écrit à cette page du manuel sans intention. C'est un article de foi du symbole pédagogique de ces Messieurs que Pestalozzi écrase de sa supériorité tout ce que la France a jamais produit d'hommes dévoués à l'enfance.

M. Compayré a écrit un gros ouvrage sur l'histoire des *Doctrines de l'éducation en France*. Eh bien ! la première demie-page de la préface ne s'achève pas sans humilier la France devant Pestalozzi : « Nous n'avons pas sans doute à citer des instituteurs populaires dont les noms égalent ceux des Pestalozzi, des Frœbel... »

Voilà cependant où mène la prévention anticatholique. Nos gloires nationales sont entachées de *cléricalisme*. Cela gâte tout. Cela suffit pour qu'on les répudie.

Les hommes ont manqué en France, n'est-ce pas, pour se dévouer à l'instruction des enfants du peuple et dépenser à ce labeur obscur de la charité et du savoir-faire ! Évidemment, il faut aller chercher ce produit au-delà des Alpes ou de l'autre côté du Rhin !

Il n'y a personne dans les 89 départements de France, de Lille à Perpignan et de l'Océan au Jura, pour fonder des orphelinats, recueillir les enfants abandonnés, les soigner avec des attentions de mère, les élever et les instruire, sans avoir en perspective d'autre salaire en certains temps, que les tracasseries du pouvoir, les outrages des malfaiteurs de plume, et les huées de la populace !

Oui, la France a besoin d'aller prendre des leçons de dévouement à l'enfance chez Pestalozzi.

Vous verrez qu'un beau jour, quand il leur faudra des types de charité au service des pauvres, ces Messieurs nous citeront les diaconesses de Berlin.

Ah ! Messieurs, vous nous apportez vos trouvailles avec un aplomb qui ferait rire, si l'on pouvait croire que c'est naïveté de votre part.

Mais non, vous n'êtes pas des naïfs, et c'est pourquoi il y a dans le cœur de ceux qui vous lisent et qui ne sont point dupes, quelque chose qui ressemble à de l'indignation, parce que, ce que vous faites, vous, ressemble beaucoup à une trahison.

Oui, une trahison. Vous êtes toujours prêts à renier les gloires de la France, parce que ce ne sont pas celles de la Révolution ni de la République.

Toujours prêts à méconnaître la plupart de ses grands hommes, parce qu'ils furent catholiques, et toujours prêts à encenser ceux de l'étranger, parcequ'ils ne le furent pas.

Pour vous, l'histoire de la France commence à 1789, et encore l'Empire est bon à jeter à la mer.

Il suffit qu'un héroïsme ait sa racine dans la foi catholique pour qu'il vous soit importun, et que vous l'ensevelissiez dans l'ombre. Et comme, jusqu'à présent, c'est la foi catholique qui a inspiré en France des dévouements et des vertus que l'on peut égaler ailleurs, mais non pas surpasser, vous rougissez de la patrie et vous allez quêter chez les voisins des exemples qui n'offusquent pas la libre-pensée.

Et vous reprochez aux catholiques de manquer de patriotisme !

Eh bien ! jamais les catholiques français n'au-

raient pensé à aller chercher en Suisse, faute de le
trouver chez eux, un modèle à proposer à ceux qui
se consacrent à l'éducation des enfants du peuple.

Peut-être sommes-nous trop fiers, mais nous ne
pensions pas être si pauvres.

Non, nous ne pensions pas que notre pays fût
gueux en hommes, au point de n'avoir pas un instituteur populaire de la taille du Suisse Pestalozzi
ou de l'Allemand Fræbel.

Heureux Pestalozzi ! bien vous en a pris d'être
libre-penseur !

Malin Fræbel, que vous avez été bien avisé de
vous faire franc-maçon !

Ah ! si l'abbé de La Salle ou Saint Vincent-de-
Paul avaient été seulement jansénistes un tantinet,
peut-être les jugerait-on capables de soutenir
l'honneur de la France en face de Pestalozzi.

O Pestalozzi ! Pes-ta-loz-zi !!!

LA SOCIÉTÉ

Le Livre II introduit le petit citoyen dans la société civile. Dans les quatre chapitres qui le composent, M. Compayré passe successivement en revue *la société en général*, *la patrie*, *les droits civils*, *les devoirs envers la patrie*.

Nous nous souviendrons, en suivant l'auteur sur ces différents terrains, que nous n'avons point à discuter les théories de la Révolution sur la société, ce qui demanderait des volumes, mais à mettre en lumière les erreurs de fait et l'esprit anticatholique, qui ont motivé les sévérités de la Congrégation *de l'Index*.

LA SOCIÉTÉ EN GÉNÉRAL

L'Église catholique, on l'a dit assez pour qui veut entendre, ne condamne *a priori* aucun régime politique. Soyez monarchie, oligarchie ou démocratie, elle vous laisse vous gouverner à votre guise. Elle respecte les droits de l'homme, lui demandant seulement de respecter les droits de Dieu.

Ceux qui reprochent à l'Église d'être systématiquement hostile à la constitution républicaine, devraient bien se souvenir qu'elle n'a pas eu toujours à se louer des gouvernements monarchiques, et que bien souvent au moyen-âge elle a pris en main la cause des peuples contre les abus du pouvoir royal.

On ne songerait donc nullement à élever des protestations contre l'enthousiasme à jet continu pour les institutions républicaines, qui déborde dans toutes ces leçons ; tout au plus se permettrait-on çà et là un sourire discret, quand la note est forcée.

Mais si la religion n'a pas de parti pris contre la République, il n'en est pas de même à son égard chez Messieurs de l'instruction civique et morale.

En dépit des protestations de neutralité et même de respect qui ont précédé la confection des Manuels, on sent que pour eux la religion catholique est l'ennemie. On a beau l'expulser de l'école et la rayer des programmes, par une sorte de fatalité on la rencontre partout, et quand elle ne se présente pas d'elle-même, on va la chercher ; et c'est toujours pour lui administrer quelque coup de pied sournois.

Voici par exemple que l'on prétend enseigner au jeune citoyen l'origine de son village. Cela donne l'occasion de placer des réflexions dont l'à propos n'échappera à personne. « On lui avait raconté l'histoire de la création du monde, mais il eût pris au moins autant d'intérêt à l'histoire de la création de son village (1).

Et au *Résumé*, qui renferme seulement l'essentiel de la leçon, on enfonce de nouveau la pointe, comme si l'on craignait qu'elle ne fût pas bien entrée. « Il est certainement plus intéressant et *plus utile*, de savoir comment s'est formé le village ou la ville que nous habitons que de connaître l'histoire de la création du monde. »

C'est absolument faux et niais. Il est certainement plus intéressant et *non moins utile*, n'en déplaise à M. Compayré, de savoir comment a été formé le monde que de savoir par qui, quand et comment a été bâti un village, ce village eût-il donné le jour au plus grand homme de la République.

Mais, ce que nous voulons relever ici, ce n'est pas tant l'entorse donnée au simple bon sens que le coup de pied sournois à l'Histoire Sainte.

(1) Éléments etc.. Compayré, p. 10.

Et celui-ci ne suffisant pas, deux autres le suivent, lancés avec la même désinvolture, presque sans en avoir l'air : l'un à propos de « la multiplication des professions, » qui reporte naturellement la pensée vers la Tour de Babel et la multiplication des langues, dont Georges — c'est le nom du disciple de M. Compayré, — avait lu le récit dans l'Histoire Sainte, « sans trop le comprendre ; » l'autre, au sujet de monsieur le maire de la commune, dont il importe bien davantage de connaître les attributions que de savoir « qu'il y a eu des Juges dans les tribus d'Israël... »

On dira que cela est peu spirituel et assez lourd. — Soit : mais de plus, c'est très perfide.

Il n'y avait absolument aucune nécessité de parler de la création du monde ni de la Tour de Babel, et l'on ne voit pas trop ce que les Juges d'Israël ont à débattre avec M. le maire. Mais il fallait bien cependant, au cours de l'instruction civique, exécuter l'Histoire Sainte, une de ces études d'autrefois élaguées du programme, parce qu'elles ne sont *ni nécessaires ni utiles*. On ne pouvait cependant pas consacrer à cette honnête besogne un chapitre *ex professo*. Que fait-on ? — On glisse le mot pour rire, on met sur la voie ; M. l'instituteur fera le reste.

Il y a des écoliers taquins, qui ont l'art de lancer
le coup de pied de côté au voisin, par dessous la
table, sans se déranger et sans se trahir, tout en
continuant la page d'écriture ; seul le destinataire
s'en aperçoit.

.Cet art est aussi pratiqué par certains maîtres.

La pauvre Histoire Sainte ! Elle a été bien malme-
née dans les débats parlementaires qui ont abouti à
la loi sur l'enseignement neutre. Nous avons ici un
écho affaibli sans doute, mais fidèle, des plus bril-
lantes tirades de MM. Ferry, Paul Bert et consorts.

Faut-il maintenant rappeler aux catholiques qui
trouveraient nos protestations exagérées, quelle
place l'Histoire Sainte occupe dans l'économie de la
doctrine chrétienne ?

L'Histoire Sainte est le complément obligé du
catéchisme; on peut dire qu'elle en fait partie inté-
grante. Le Christianisme ne date pas seulement
de Bethléem et du Calvaire; le Christianisme est
aussi ancien que le monde. Le plus puissant argument de sa divinité, c'est son histoire, et cette
histoire se compose essentiellement de deux parties,
ou si l'on veut de deux chapitres : L'un s'appelle
l'Ancien Testament et l'autre, le Nouveau Testa-

ment. Outre les dogmes fondamentaux de la création
et du péché originel, le premier renferme l'annonce
et la figure du second ; c'est la préparation divine
de l'Évangile.

D'ailleurs, l'Histoire Sainte n'est qu'un abrégé des
Livres historiques de la Bible, que l'Église catho·
lique et toutes les communions chrétiennes
regardent comme inspirés.

Il ne s'agit donc point ici d'un ouvrage de piété
ou d'un recueil de récits édifiants, tels que la Vie
des Saints ou l'Introduction à la vie dévote de
saint François de Sales, ou même l'Imitation de
Jésus-Christ. Si respectables que soient de tels
livres, l'Histoire Sainte l'est davantage. Toucher
à l'Histoire Sainte, c'est toucher non pas à ce qui
est extérieur ou accessoire dans la religion catholique, comme seraient les processions ou les
pèlerinages, c'est pousser jusqu'au vif, c'est porter
la main sur ce qui est essentiel et constitutif du
christianisme.

Et voilà pourquoi nous ne pouvons laisser sans
protestation les insinuations railleuses à l'adresse
de l'Histoire Sainte, dans des manuels destinés à
des enfants catholiques.

Et voilà pourquoi aussi nous avons le droit de

repousser et de flétrir ces Manuels au nom de la loi elle-même et de ses interprètes autorisés. Le Conseil Supérieur de l'Instruction Publique a déclaré que, en vertu même du principe de la neutralité « le maître devait éviter, *comme une mauvaise action*, tout ce qui dans son langage et son attitude, blesserait les croyances religieuses des enfants confiés à ses soins. »

En insinuant la raillerie à l'endroit de l'Histoire Sainte, vous offensez les croyances religieuses des enfants catholiques, protestants, voire même israélites, confiés à vos soins.

Vous avez donc fait *une mauvaise action*, M. le Professeur.

L'histoire du village est agrémentée de bien
d'autres coups de pied sournois.

On y trouve tout d'abord un tableau en miniature
de l'histoire de France que nous ne discuterons
pas. Il est convenu qu'avant la Révolution, le
peuple français était un troupeau de bêtes de
somme, sous le bâton des seigneurs, des prêtres et
des rois.

C'est là le thème obligatoire sur lequel chaque
auteur de Manuel exécute des variantes, selon
l'étendue de ses moyens et la richesse de son
répertoire d'anecdotes.

Ici surtout, M. Paul Bert distance de beaucoup
ses concurrents. Est-ce un Français qui a écrit ces
pages, ou un Poméranien intéressé à démontrer
que nous n'avons jamais été qu'une nation de
brutes ? — La question ne paraîtra pas déplacée à
qui a parcouru ce livre et rencontré ces vignettes
intercalées dans le texte, où nos ancêtres sont
représentés accroupis, remuant la terre de leurs
griffes pour chercher de quoi vivre, « *mangeant
des herbes crues et toutes sortes de bêtes.* »

Il nous semble qu'en prohibant l'usage de semblables livres, l'Église veille à l'honneur de la
France autant qu'à la sécurité des âmes. Le pays
devrait lui savoir gré de se montrer sévère pour
ceux qui infligent de tels outrages au patriotisme.

Toutefois, il nous faut ici rendre justice à
l'habileté du maître que nous suivons de plus près.
Dans ce petit chapitre de deux pages au plus,
consacré à l'*histoire du village*, M. Compayré a
trouvé le moyen de signaler l'alliance de l'évêque
avec le seigneur pour pressurer les paysans ; —
puis de jeter çà et là, comme au hasard les mots
de tyran, d'*oppression ecclé iastique*, de domi-
nation royale, de *théocra ie*, d'arhitraire, de
violences, groupés de manié e à bien faire entendre
que l'Église Catholique n'. eu d'autre rôle dans la
fondation du village, c'est-à-dire dans la formation
de la France, que d'appesantir le joug imposé au
menu peuple par ses deux maîtres, le seigneur et
le roi.

Première leçon d'histoire ecclésiastique donnée
au jeune citoyen.

« Les évêques, a dit Gibbon, ont fait la France
comme les abeilles font leur ruche. » D'après les
Manuels, les évêques ont seulement fait cause

commune avec les seigneurs féodaux pour imposer aux manants et vilains « un joug arbitraire et violent. »

Ces Messieurs de l'Instruction civique sont francs-maçons et Gibbon était seulement Anglais et protestant.

LA PATRIE

Nous voudrions ne nous arrêter sur ce chapitre du Manuel, qu'autant qu'il serait nécessaire pour rendre hommage aux intentions louables des maîtres qui inscrivent le patriotisme au programme des matières de l'enseignement. Mais, à notre grand regret, ce ne sera pas possible.

Il y aurait bien déjà quelque chose à dire sur cette prétention d'*enseigner* l'amour de la patrie. Nos éducateurs du jour se font grand honneur de cette nouveauté, qui comble une lacune dont aucun des régimes précédents, ne s'était encore occupé. L'amour de la patrie, dit-on d'après M. Vitet, « n'est pas enseigné en France. »

Mon Dieu ! ne serait-ce pas là une de ces choses que l'on sait d'autant moins qu'on les étudie davantage ?

Le bon moyen d'enseigner à tous les Français petits et grands à aimer la France, serait, à notre avis, de lui donner la paix et la prospérité au dedans, et de lui assurer au dehors l'honneur et le respect.

C'est affaire au gouvernement de la République et non pas aux magisters de village.

Naturellement, c'est dans les fastes de la Révolution que l'on cherche des exemples de vertu patriotique à proposer aux jeunes citoyens. Rien en cela qui doive nous surprendre. Mais nous ferons observer charitablement à ces Messieurs qu'ils n'ont pas eu la main heureuse.

On s'obstine à ériger le jeune Vialla en héros, parce qu'il est tombé sous une balle royaliste. Nous ne doutons pas qu'un jour on ne mette sa statue dans les écoles. Mais alors, de grâce, qu'on ne le représente pas dans la posture — c'est le mot propre — où il reçut la mort pour la gloire de la République. Ce ne serait pas héroïque le moins du monde.

Par respect pour le lecteur, nous ne nous expliquons pas davantage. Si MM. Bert, Compayré, etc..., veulent des renseignements plus complets sur la fin glorieuse... et malpropre du jeune Vialla, ils n'ont qu'à faire une enquête sur les lieux, c'est-à-dire à Avignon.

Mais la leçon sur la patrie nous oblige à faire bien d'autres réserves.

« Dieu prend soin du monde, c'est à nous de prendre soin de la patrie (1). »

Voilà une bonne petite impiété qui se présente crânement avec l'allure d'un aphorisme qu'on ne discute pas.

M Compayré donne cela comme matière d'*Exercices*. C'est dire que l'élève, ou plus vraisemblablement le maître, doit commenter cette parole, laquelle à la prétention de renfermer un sens.

Supposons que nous ayons nous-même l'honneur d'être instituteur d'une cinquantaine de jeunes citoyens. Essayons de commenter :

« Dieu prend soin du monde. » Dieu, mes enfants, — c'est-à-dire l'Être suprême — administre l'univers d'une certaine manière. Il y en a qui disent que Dieu a fait le monde de rien, qu'il l'a arrangé, façonné comme un horloger fait une montre ; que c'est lui, par exemple, qui par sa volonté a établi les lois de la gravitation, en vertu desquelles les astres suivent dans l'espace une marche régulière et constante. (Notre langage est un peu scientifique; autrefois on n'aurait pas compris, mais aujourd'hui !. .)

(1) Éléments etc., Compayré, p. 53.

D'autres disent que Dieu n'est pas distinct du monde, que le monde est éternel, que Dieu, ce sont les forces mêmes de la nature qui font que la terre tourne, que le vent souffle, que les plantes poussent, etc... Vous comprenez, n'est-ce pas ? — Les religions ne sont pas d'accord là-dessus ; vous pouvez croire ce que vous voudrez. A l'école nous ne nous occupons pas de religion.

Quoi qu'il en soit, et de quelque manière que l'Être Suprême prenne soin du monde, — que ce soit comme un roi qui gouverne, ou comme un président qui regarde faire, — toujours est-il que pour la patrie, c'est autre chose.

Dieu gouverne le monde, mais la patrie, c'est-à-dire, comme vous le voyez à la page suivante, « non pas seulement votre plaine ou votre coteau, la flèche de votre clocher ou la fumée de vos cheminées, ou la cime de vos arbres. Car,

« La patrie, c'est la Picardie pour les habitants
« de la Provence, c'est la Bretagne pour les monta-
« gnards du Jura ;

« La patrie, c'est l'azur de votre ciel, c'est le doux
« soleil qui vous éclaire, les beaux fleuves qui
« arrosent vos campagnes, les forêts qui vous om-
« bragent et les terres fertiles qui s'étendent sous
« vos pas ;

« La patrie, c'est tous vos concitoyens, grands et
« petits, riches et pauvres ;

« La patrie, c'est tous les hommes qui parlent
« votre langue... c'est la nation que vous devez
« aimer, honorer et servir de toutes les forces de
« vos bras, de toute l'énergie et de tout l'amour de
« vos âmes (1). »

Voilà ce que c'est que la patrie; c'est M. Michelet —
un bien grand homme, mes enfants, — qui l'a dit.

Eh bien ! la patrie, ou en d'autres termes, la
commune, la ville, le département, le pays tout
entier, Dieu n'a rien à y voir. Dieu a assez à faire
avec le monde ; la patrie, c'est à nous d'y pourvoir.
Chacun chez soi. A Dieu, le monde ; au citoyen,
la patrie. Que Dieu fasse ses affaires, et nous, les
nôtres. Qu'il nous donne du soleil et de la pluie,
c'est dans ses attributions. Le reste nous regarde.

Le commentaire est-il forcé ? Ceux-là pourraient
le croire qui n'ont jamais ouvert les livres où s'étalent les théories de l'État d'après le libéralisme
révolutionnaire. Pour lui, Dieu n'existe pas ; comment se croirait-il dépendant vis-à-vis de Dieu.

Insister pour établir que telle est bien sa pensée,
ce serait enfoncer des portes ouvertes.

(1) Éléments, etc., Compayré, p. 54.

L'indépendance absolue de l'État vis-à-vis de Dieu est un des principes fondamentaux de la Révolution. Il n'est écrit nulle part dans la Constitution, mais il s'affirme partout. Les doctrinaires du parti ne se font pas faute de l'énoncer sous des formules qui n'ont rien d'abstrait.

On lisait, il n'y a pas bien longtemps dans le *Siècle* : « Dieu n'a rien à voir dans les affaires temporelles des nations » (1).

Il n'y a rien au-dessus de ce qu'on est convenu d'appeler *la volonté nationale*. Aussi les Assemblées de la Révolution érigeaient en axiôme que « le peuple n'a pas besoin d'avoir raison pour valider ses actes. » Le pouvoir de la nation est donc sans loi, sans frein, sans limite. Les principes immuables du vrai et du juste s'imposent à la raison et à la conscience individuelles, mais pas à la nation. S'il lui plait de décréter à la majorité des voix l'ordre de spolier, de piller, de tuer, la spoliation, le pillage, le meurtre n'auront rien de répréhensible.

Ce que nous faisons est légal, donc c'est licite.

Et n'est-ce pas en vertu de ce raisonnement que nombre de gens honnêtes se croient aujourd'hui à

(1) *Le Siècle* cité par M. Aug. Nicolas. *L'État sans Dieu*, p. 145.

·l'abri de tout reproche, après avoir prêté les mains
à de fort malhonnètes besognes?

Le peuple a décrété, et le peuple n'a pas besoin
d'avoir raison pour légitimer ses actes ; il fait ce
qu'il lui plait, et il n'en est comptable à personne,
car « Dieu n'a rien à voir dans les affaires temporelles des nations. »

Mais si la nation, c'est-à-dire si les citoyens
assemblés sont absolument indépendants de Dieu,
on ne voit pas trop pourquoi les citoyens pris iso-
lément ne bénéficieraient pas de la même indépendance ; pourquoi Dieu, qui n'a rien à voir au forum,
exercerait quelque autorité dans la maison. Eh
quoi! le citoyen est libre et l'homme serait esclave !

De l'athéisme d'État, on verse fatalement dans
l'athéisme individuel.

On arrive à cette déduction formulée par Proudhon,
promulguée par la Commune et professée dans le
Catéchisme populaire républicain, « qu'il n'y a
pas de puissance et de justice au-dessus et en
dehors de l'homme, et que nier Dieu, c'est affirmer
l'homme unique et véritable souverain de ses destinées (1) ». C'est le dernier mot de l'orgueil et
tout le symbole de l'athéisme.

(1) Aug. Nicolas. *L'État sans Dieu,* p. 118,

On pourra encore peut-être nommer D'eu, par
suite d'une vieille habitude, lui faire même l'honneur de le préposer au gouvernement du monde,
auquel nous ne prenons guère intérêt. Mais, déjà
exclu de la nation qui nous touché de plus près,
Dieu le sera pareillement et en vertu de la logique,
du domaine de la vie privée.

Qu'il prenne soin du monde, c'est son affaire ;
les citoyens feront celles de la nation, et moi, les
miennes.

Voilà ce qui se trouve au fond du principe de la
souveraineté nationale entendu dans le sens de la
Révolution, et exprimé d'une manière assez heureuse, comme on le voit, dans l'antithèse du
Manuel : « Dieu prend soin du monde, c'est à nous
de prendre soin de la patrie. »

Après cela, on comprend que l'Église Catholique
ne proscrit pas tout à fait sans raison des livres
destinés à faire pénétrer de telles doctrines dans
l'esprit des enfants.

La Patrie !

C'est un grand nom, qui fait battre le cœur, quand même on n'a pas analysé et étiqueté tous les traits dont se compose la chère et radieuse apparition qu'il évoque.

Il est regrettable que le Manuel entreprenne ce travail délicat.

D'abord, les petits citoyens ne comprendront pas ; et ils ouvriront de grands yeux devant la prose de Michelet qu'on a pu lire tout à l'heure :

« La patrie, c'est la Picardie pour les habitants
« de la Provence (!!)... c'est l'unité du territoire,
« c'est la gloire de vos pères, c'est la communauté
« du nom français, c'est votre indépendance et
« votre liberté »... etc., etc., etc.

Mais s'ils ne comprennent pas, ce ne sera ni la première ni la dernière fois.

La bonne moitié des sujets traités dans ces Manuels sont évidemment hors de la portée des enfants auxquels ils s'adressent.

Mais il y a un autre inconvénient auquel on se

heurte ici, et qu'il nous plait de signaler. Depuis
que l'on a inauguré le règne de l'enseignement
neutre, il faut de par la loi empêcher la religion
de s'introduire dans l'école. Il faut que tout ce
qui y pénètre soit au préalable sécularisé. Les gens
qui écrivent des livres pour l'école neutre sont
obligés de faire comme les douaniers qui exami-
nent les voyageurs à la descente des trains, prêts
à confisquer impitoyablement les marchandises de
contrebande.

La marchandise de contrebande pour ces Messieurs, c'est la religion.

Leur besogne est laborieuse et difficile. La religion n'est pas comme la gymnastique ou le dessin
que l'on inscrit au programme ou que l'on y biffe
à volonté; puis on en parle à l'école ou l'on n'en
parle pas. La religion tient à tout, elle se mêle à
tout. Elle est dans l'histoire, dans la géographie,
aussi bien que dans l'astronomie et la morale ;
elle est dans le pays, et non pas à la surface seulement, dans les champs, dans les bois et sur les
montagnes ; mais dans les entrailles mêmes de la
nation, dans ses mœurs, dans ses traditions, dans
son passé et dans son présent, dans ses douleurs et
dans ses gloires.

La religion est dans l'homme non pas comme sa

coiffure ou son manteau, elle est dans son tempérament, dans son esprit et dans son cœur ; elle pénètre l'àme, l'intelligence, la volonté, comme l'eau
imbibe l'éponge. L'homme est un *animal religieux*,
disaient les anciens.

Et c'est pourquoi, l'enseignement neutre, l'enseignement qui prétend faire abstraction totale de la
religion, la cotoyer sans cesse sans la rencontrer
jamais, cet enseignement est une chimère. On l'a
dit assez et nous n'avons pas à y insister ici.

« Vouloir élever ainsi des enfants, dit le Pape
Léon XIII, c'est renouveler sur eux le jugement de
Salomon, c'est diviser en deux parts ce qui est na-
turellement inséparable. »

Aussi qu'arrive-t-il ? A chaque pas sous une
forme ou sous une autre, la religion se présente ;
on a beau vouloir passer outre sans lui rien dire, il
faut la saluer ou l'insulter, et dans bien des cas, le
silence même trahit l'hostilité et équivaut à une
injure.

Toutefois, il est curieux de voir que cette exclu-
sion systématique de la religion imposée aux maîtres les met bien souvent à la gêne, pour aboutir à
donner des notions inexactes quand elles ne sont
pas complètement fausses.

Il n'est jamais venu à l'esprit de personne de développer l'idée de *Patrie*, sans y donner place à la religion. Les païens la dédoublaient en deux mots, inscrits sur les étendards : *Pro aris et focis*. Voilà en quoi se résumait à leurs yeux la patrie : l'autel et le foyer, la religion et la famille. Nous ignorons où se trouve la page de Michelet dont M. Compayré nous donne une imitation. Les livres de cet homme ne sont pas de ceux que nous feuilletons d'ordinaire ; mais nous serions surpris que Michelet lui-même, si peu *clérical* qu'il fût, n'ait pas trouvé une place pour les *autels* dans son poétique tableau de la *Patrie*.

La neutralité veut que dans l'image de la Patrie les yeux des enfants ne rencontrent ni autels, ni églises, ni croix. Il a fallu en effacer l'empreinte religieuse, comme nos municipalités au républicanisme farouche grattent sur les pierres de nos monuments l'écusson des rois ; — Eh bien ! c'est une image mutilée que nous ne reconnaissons plus.

Cette *Patrie*, c'est peut-être la patrie du citoyen, ce n'est pas la patrie de l'homme.

LES DROITS CIVILS

Les droits civils et les droits politiques, double mine où les fils de la Révolution, écrivains, orateurs, journalistes, ont puisé, puisent et puiseront de quoi remplir leurs dithyrambes en l'honneur de leur mère.

Les maîtres d'école vont maintenant faire chorus. La classe sera le vestibule du club ; les citoyens en herbe y entendront proclamer les sublimes conquêtes de 89 : les droits imprescriptibles de l'homme, l'égalité, la liberté sous toutes ses faces : liberté individuelle, liberté du travail, liberté d'association, liberté de la presse, surtout la liberté de conscience ; puis, la souveraineté du peuple et tout ce qui s'ensuit.

Certes, nous n'avons point l'intention de discuter ni d'apprécier ici les sublimes conquêtes.

Mais, de bonne foi, nous adressant à tous les hommes de sens rassis, qui savent ce que c'est qu'un enfant des écoles primaires, de sept à treize ans, nous leur demandons :

Est-il raisonnable, et même est-il loyal, de jeter ces questions-là à l'inexpérience et à la naïveté de cet âge ?

N'est-il pas vrai que ce sont-là des questions assez complexes et assez délicates, pour que, à moins d'être infatué de soi-même, on ne les aborde pas sans quelque appréhension ?

N'est-il pas vrai que ces mots, aussi vagues que retentissants, cachent des équivoques sans nombre, que pour un sens supportable il y en a dix qui vous épouvantent, que ceux-là même qui font résonner le plus haut les grands principes, protestent contre les conséquences que l'inflexible logique populaire en déduit ?

Alors, écartant même le point de vue religieux, nous le demandons, est-il sage, est-il loyal, est-il digne de cette magistrature qu'on appelle l'éducation, de traiter à l'école primaire ces questions troublantes, qui par leur nature, s'adressent tout d'abord et beaucoup plus à la passion qu'à l'intelligence ?

Les hommes qui ont conduit la dernière campagne pour la réforme de l'instruction en France, ont fait bien souvent preuve d'une légèreté et d'une incompétence qui seraient plaisantes, s'il pouvait y avoir

quelque chose de plaisant alors que de tels intérêts
sont engagés; leur suffisance leur fait croire, —
comme à Pestalozzi, — que jusqu'à eux on n'a rien
fait qui vaille, et qu'il leur suffit de faire autrement pour faire mieux que leurs devanciers, et que
tout bouleversement accompli par leurs mains est
un progrès.

Il y a assurément une foule de sottises qu'ils
n'auraient point faites et d'énormités qu'ils n'auraient point dites, s'ils avaient passé vingt-quatre
heures dans une école primaire, en face d'une
cinquantaine d'enfants de paysans ou d'ouvriers,
ou si seulement ils étaient pères de famille.

Mais certainement une des aberrations pour les-
quelles ils sont le plus coupables au tribunal du
bon sens, c'est d'avoir mis au rang des matières
obligatoires de l'instruction primaire la *Déclaration des droits de l'homme*; c'est d'avoir établi
que l'instituteur de faubourg ou de village ensei-
gnerait à des enfants l'égalité selon la Révolution,
la liberté du travail et la liberté de conscience selon
la même évangile.

Ce serait idiot, si ce n'était plus encore dangereux.

C'est œuvre de sectaires, non d'éducateurs.

Les grands principes proclamés en classe avec

l'emphase qui est obligatoire en ce sujet, et avec
accompagnement de diatribes et de malédictions
rétrospectives contre l'ancien régime, la servitude
d'autrefois, le joug de l'autorité et l'oppression des
consciences, — ce sont des germes qui ne tarderont
pas d'éclore dans ces cerveaux d'enfants et de produire des fruits dont on n'aura à se louer ni à l'é-
cole ni dans la famille.

L'égalité civile expliquée à l'école, aura pour
conclusion pratique l'*insolence*.

Au sortir de la leçon où on lui aura répété :

Que « les hommes naissent et demeurent égaux
en droit; (1) »

Que « l'égalité est le principe de la société civile,
telle que l'a faite la Révolution; »

Qu' « avant la Révolution l'inégalité régnait dans
la société comme elle régnait dans la famille; »

Qu'il y avait des nobles et des roturiers, les uns
exempts de toutes les charges et jouissant de tous
les privilèges, les autres soumis à toutes les vexa-
tions, payant tous les impôts, travaillant toute leur
vie « pour n'arriver à rien; »

(1) Art. I⁇ de la Déclaration des Droits de l'homme.
Manuel Compayré, p. 64.

Mais qu'enfin, « grâce à la Révolution française,
toutes les inégalités de convention ont disparu ; »

Quand on aura énoncé ces principes farcis d'équivoques et appuyés par des mensonges historiques,
soyez sûrs que le jeune citoyen en aura compris juste
assez pour se croire sérieusement l'égal de n'importe
qui, voire de M. le Président de la République. Le
respect, la déférence, la politesse la plus élémentaire lui paraîtront incompatibles avec sa
dignité.

Et à ceux qui désireraient une démonstration
plus péremptoire, nous conseillerions d'aller voir
à la sortie de l'école laïque, les enfants des grandes
villes. Ceux-là ont plus d'ouverture pour les
grands principes. Des leçons sur l'égalité civile
à la pratique de la plus parfaite incivilité, ils ne
mettent que la distance de la classe à la rue.

De la *liberté* enseignée à l'école, le jeune citoyen
conclura non moins immédiatement à l'*insubordination*.

Oui, à l'insubordination sotte, tapageuse, niaise,
à l'insubordination quand même.

Oh ! les enfants crieront tant qu'il vous plaira,
et plus encore : Vive la liberté ! Cela leur va. Ils

comprennent mieux que personne le vers du fabuliste:

Notre ennemi, c'est notre maître.

La vie de l'enfant est un assujétissement perpétuel : et cela est dans l'ordre de la nature, c'est-à-dire dans l'ordre établi de Dieu.

L'Esprit-Saint qui a tracé lui aussi son programme d'éducation, ne parle pas de liberté, mais beaucoup de soumission et d'obéissance. Il veut que ces jeunes têtes plient sous le joug de l'autorité. (1) Mais soyez sûrs que ce joug leur pèse, et croyez bien que quand vous enseignez à l'enfant le droit imprescriptible de l'homme à la liberté, il en déduit à l'instant plus de conséquences que vous ne voudriez — et ses parents aussi.

N'est-ce pas au nom de la liberté que se font les révoltes dans les officines de l'Université?

Et vraiment, est-ce que ces pauvres cervelles d'enfants, grisées de ce nom magique de liberté, sont capables de saisir la nuance qui distingue l'autorité de la tyrannie?

Est-ce que tout ce qui les gêne et les contrarie n'est pas à leurs yeux oppression et abus?

(1) Curva cervicem ejus in juventute. *Eccli.* XXX, 12. — Filii tibi sunt: erudi illos et curva illos a pueritiâ illorum. Ibid. VII, 25.

Et quand vous aurez déclamé tout à votre aise devant les enfants sur la liberté et l'indépendance dont la Révolution nous assure à tous le bienfait, croyez-vous que vous aurez rendu plus facile la tâche de ceux qui ont à les élever ?

Nous en appelons à tous ceux qui ont fait de la pédagogie ailleurs que dans leur cabinet de travail ou à la tribune parlementaire.

Belle chose que la liberté ! Mais il faut plaindre les familles où les enfants sont initiés de si bonne heure au culte de cette séduisante et redoutable déesse.

Et la *liberté du travail !* Si les petits citoyens de l'école primaire comprennent quelque chose dans une question où leurs pères, leurs maîtres, et tous les économistes de France et de Navarre ne voient pas encore bien clair, ce sera sans doute qu'ils sont libres de travailler ou de ne rien faire, et comme ce dernier parti a sur l'autre l'immense avantage d'accommoder la paresse, soyez persuadés que c'est à celui-là qu'ils s'arrêteront. Ils s'exerceront à la liberté du travail par l'école buissonnière.

Et vive la liberté ! n'est-ce pas, jeunes citoyens ?

LA LIBERTÉ DE CONSCIENCE

Mais voici la pierre précieuse devant laquelle pâlissent toutes les perles de l'écrin civique et moral.

La *liberté de conscience!* Pour pouvoir placer ce chapitre, nos docteurs écriraient le livre.

La liberté de conscience, c'est le pivot sur lequel la société révolutionnaire tourne dans son cercle éternel d'irréligion, d'extravagance et d'immoralité (1).

La liberté de conscience, formule hypocrite au premier chef, qui, pour les simples est une invitation à secouer le joug de toute croyance, et pour d'autres le cri de ralliement avec lequel on marche à l'assaut et à l'écrasement de la religion.

Ah ! Messieurs les inventeurs de l'Instruction civique et morale, vous savez bien ce que vous faites, quand vous apprenez aux enfants que la Révolution leur a donné la liberté de conscience,

(1) In circuitu impii ambulant, Ps. XI, 9.

et nous le savons aussi. La seule signification que peut avoir pour les enfants et pour le peuple, le principe de la liberté de conscience, c'est que la religion est chose absolument facultative, qu'on en prend ce qui plait, et que personne n'a rien à y voir.

A qui fera-t-on croire qu'il est possible de dégager devant les enfants de l'école primaire le principe de la liberté de conscience de toutes les équivoques qui l'entourent ?

De marquer la limite en deçà de laquelle la liberté de conscience est une vérité et un droit, pour n'être plus au-delà qu'une erreur, une monstruosité, un délire, selon le mot du pape Grégoire XVI ?

D'abord l'alliance même des noms de la *liberté* et de la *conscience* est un mensonge ; ces deux noms jurent de se trouver ainsi accolés.

Est-ce que la conscience peut être libre ? N'est-elle pas essentiellement esclave ? Esclave du bien, du juste, de l'honnête ? N'est-elle pas assujettie à la loi du devoir, au même titre que la raison à la loi inflexible et nécessaire du vrai ? Pour l'intelligence, vouloir s'émanciper vis-à-vis des axiômes mathématiques par exemple, c'est se nier elle-même. Il n'en va pas autrement pour la conscience :

pour elle aussi se proclamer libre, indépendante, c'est un suicide.

A s'en tenir à ce seul point de vue, la liberté de conscience érigée en principe, doit aboutir fatalement à éteindre le sens moral dans les esprits peu exercés aux subtilités ; et c'est le grand nombre, ailleurs même que chez les enfants.

On traduira liberté de conscience par liberté de la passion.

La liberté de conscience peut être entendue dans un sens que l'Église ne répudie pas. Faisant la distinction entre la région des principes, où la liberté de conscience est une pure absurdité, et le terrain de la pratique, où il peut y avoir de graves raisons de tolérer l'erreur, l'Église a elle-même donné l'exemple de la manière dont peut s'exercer la liberté de conscience. Quand le Pape était maître chez lui, les Juifs vivaient en liberté à l'abri de la tiare pontificale, même quand l'Europe les repoussait de partout.

Rome était l'asile de la liberté de conscience, telle que peuvent l'accepter la foi et la droite raison.

Mais au sens de la Révolution, c'est autre chose: La Révolution déclare que chacun *peut* à son gré apostasier sa foi, rejeter les vérités fondamentales de la religion naturelle elle-même, nier Dieu, supprimer toutes les bases de l'ordre religieux et moral.

Elle déclare que c'est là un droit, et non pas un droit positif, issu d'une convention, mais un droit primordial, inaliénable, imprescriptible, supérieur à toute loi, inhérent à la nature intelligente ; un droit par conséquent que la société civile, tutricenée des droits de l'homme, est tenue de lui garantir et dont elle doit protéger le libre exercice.

Il vous plaît de renier votre baptême, de vous faire mahométan, fétichiste ou athée ; il vous plaît de jeter par dessus bord toute croyance dogmatique et tout principe moral, de mettre à leur place des insanités et des turpitudes ;

La Révolution déclare que vous en avez le droit, un droit indéniable, un droit que vous avez apporté en naissant et dont aucune puissance du monde ne peut vous déposséder sans commettre un attentat à votre liberté.

Eh bien ! voilà ce qui ne supporte pas l'examen d'un esprit en qui n'est point éteinte toute lueur de bon sens.

Voilà une hérésie au regard de la raison naturelle ;

tout aussi bien qu'au regard de la foi chrétienne.

Voilà ce que la foi condamne, non-seulement pour se défendre sur son terrain, mais pour sauver la raison elle-même contre ses propres débauches.

Car cela se résout en dernière analyse dans la négation de toute vérité absolue et de toute distinction nécessaire entre le bien et le mal.

Voilà ce qu'il y a au fond de cette liberté de conscience dans l'ordre spéculatif.

Dans l'ordre pratique, c'est la plus monstrueuse oppression des consciences.

Car enfin, le droit de tout nier se trouvant en perpétuel conflit avec le droit de ceux qui croient en Dieu et prétendent conformer leur vie avec leurs croyances, la loi civile devra fatalement opprimer celui-ci pour protéger celui-là.

C'est-à-dire qu'on verra ce prodigieux renversement des choses :

La religion obligée de s'effacer pour ne pas gêner l'irréligion ;

Les croix abattues, parce que les yeux des libres-penseurs en sont offusqués ;

Les manifestations publiques de la piété chrétienne interdites, parce que quelques rares impies

s'en tiennent offensés dans ce qu'ils appellent leurs
convictions ;

Dieu mis hors de l'école, du prétoire, de l'hôpital,
hors de l'éducation, hors de la justice, hors de la
loi, hors de partout, parce qu'il s'est produit depuis peu dans le genre humain une variété de
monstres qu'on appelle des athées, lesquels som-
ment le pouvoir au nom de la liberté de conscience,
de faire respecter leurs *scrupules*.

On a déjà commis au nom de la liberté de conscience nombre d'actes odieux. Nous ne voyons pas
ce que l'on ferait de plus, si au lieu de la liberté de
conscience, la Révolution avait voulu organiser la
tyrannie des consciences.

C'est au nom de la liberté de conscience que l'on
a supprimé les processions catholiques, au bénéfice, il est vrai, des processions franc-maçonniques
et carnavalesques :

Au nom de la liberté de conscience que l'on force,
moyennant amendes et prison, les parents catholiques d'envoyer leurs fils et leurs filles dans des
écoles où leur foi est en danger de périr ;

Au nom de la liberté de conscience, que les ma-
lades des hôpitaux de Paris sont obligés de mourir
sans sacrements;

Au nom de la liberté de conscience que le serment

judiciaire vient d'être rendu facultatif, c'est-à-dire équivalemment abrogé par le vote récent du Sénat. Cette simple formule : *Je jure devant Dieu*, horripile les athées, donc il faut la supprimer.

Sans doute, nous ne sommes pas au bout. On finit toujours par être logique. Il faudra au nom de la liberté de conscience, interdire aux prêtres et aux religieux de porter leur costume ; car ce costume est une manifestation publique de la foi, et les athées doivent y voir un outrage à leurs opinions.

Il faudra fermer les maisons où l'on prie, — on a déjà commencé — parce que ceux qui ne prient pas ne peuvent s'empêcher de les voir en passant dans la rue, et cette vue offense la délicatesse de leur irréligion.

Il faudra au nom de la liberté de conscience prohiber toute marque extérieure de religion, abattre ce qui reste de croix, fondre les cloches, démolir les clochers et les églises, interdire par règlement de police les exercices publics du culte, etc., etc. Cela est toléré jusqu'à présent ; mais on ne voit pas pourquoi les susceptibilités des consciences libre-penseuses ne se déclareraient pas atteintes par ces manifestations d'une croyance qu'elles ne partagent point.

Telles sont les conséquences rigoureuses, fatales, du principe de la liberté de conscience entendu au sens de la Révolution, paravent commode, derrière lequel s'abrite la persécution religieuse.

Ce n'est plus l'erreur qui est tolérée; ce n'est plus le mal, à qui on accorde une place au soleil ; c'est la vérité, c'est le bien, c'est la conscience et la religion que l'on supporte, à qui on fait l'aumône et qui doivent dire : Merci.

> On peut aller *même à la messe,*
> Ainsi le veut la liberté.

Mais cela dure autant qu'il plaît aux maîtres, dont la conscience devient plus ombrageuse à mesure qu'ils sont plus forts.

La logique nous achemine vers les Catacombes — en attendant l'échafaud — au nom de la liberté de conscience.

Pour le moment, nous tenons que la liberté de conscience proclamée dans l'école aura pour conclusion immédiate l'*impiété*.

Le petit citoyen sera athée, avant de savoir ce que c'est que l'athéisme.

Il sera impie et athée, le soir du jour où il aura appris par cœur et récité soit la formule brutale de

M. Paul Bert : « Vous pouvez aller ou ne pas aller à
l'église, changer de religion si vous le voulez ou
même n'en avoir aucune ; » soit le texte plus élasti-
que et plus perfide de M. Compayré : « La liberté de la
conscience et de la pensée est un droit aussi précieux,
aussi respectable que la liberté de la propriété et du
travail... Le citoyen a le droit de croire ce qui lui
paraît être la vérité... Aujourd'hui la société civile
a répudié ces pratiques détestables ; — allusion à
l'intolérance religieuse d'autrefois, — *elle garantit
à chacun le droit de penser comme il lui plaît,
d'aller à l'église ou de n'y pas aller* (1) »

Évidemment, l'équivoque est ici intentionelle.

Un professeur de philosophie sait que le mot
droit est ici dévié de son vrai sens. Le droit est un
pouvoir moral. Le droit ne va pas toujours aussi
loin que le pouvoir. On n'a pas le *droit* de faire
tout ce que l'on *peut* faire. Je puis penser, comme
il me plaît, mais je n'en ai pas toujours le droit. J'en
ai le pouvoir physique, mais pas le pouvoir moral.
Il répugne que j'aie le *droit* de penser de travers et
d'adhérer à l'erreur.

Puisque ce *droit* consiste uniquement en ce que
la loi civile ne s'oppose pas au pouvoir physique

(1) Éléments... par G. Compayré, p. 80.

de mal faire, vous pourriez dire tout aussi bien
que la société civile garantit à toutes les filles de
France le *droit* de se prostituer.

Et M. Paul Bert qui joue sur le verbe *pouvoir*,
aurait pu ajouter à l'exposé de tout ce que les
citoyens *peuvent* faire sous le régime de la liberté
de conscience : Vous *pouvez* commettre l'adultère,
si cela vous plaît. En effet, la loi civile n'autorise
pas la recherche de la paternité.

Il y a donc ici, — l'opinion que nous avons de
l'intelligence de ces messieurs nous force à le
croire, — une confusion cherchée et voulue entre le
pouvoir physique et le pouvoir moral ou le droit.
Mais espère-t-on que les enfants de l'école primaire ou même que M. l'instituteur fera la distinction?

Allons donc !

Vous *pouvez*, petits citoyens, leur dites-vous,
changer de religion ou n'en avoir point. Vous avez
le *droit* de penser comme il vous plaît en matière
religieuse, d'aller à l'église ou de n'y pas aller.

C'est bien ; vous pouvez, vous, être sûrs que le
petit citoyen a parfaitement compris qu'il est *effec-
tivement* libre d'avoir de la religion ou de n'en pas
avoir.

Ce soir là, si l'on fait la prière en famille, il

pourrait bien dire à ses père et mère : Voyez-vous,
moi, je ne prie pas ; ce n'est pas conforme à mes
opinions. « Le citoyen a le droit de penser comme
il lui plaît, d'avoir de la religion ou de n'en pas
avoir. »

Et si le dimanche suivant ses père et mère veulent le conduire avec eux à la messe : Non, dira le
petit citoyen, vous irez sans moi. Grâce à la Révolution, la liberté de conscience est le droit de tout
citoyen français ; chacun *peut* aller à l'église ou
n'y pas aller. Moi, je préfère ne pas y aller.

Et que pourraient répondre les parents ?

Ils ont bien à leur disposition l'argument trop
démodé d'une volée de bois vert. Mais quand ils
auraient encore assez de bon sens pour s'en servir,
nous osons leur déclarer qu'ils n'en ont pas le droit,
s'ils approuvent le principe de la liberté de conscience tel qu'on l'enseigne à l'école.

La preuve, la voici :

Vous admettez le soi-disant principe, c'est-à-dire
vous admettez que la conscience humaine est une
propriété fermée à toute ingérence étrangère,
« aussi sacrée que la maison, le champ, la vie » ;
vous posez en axiome que « chacun a le droit de

croire ce que lui paraît être la vérité », « de changer
de religion ou même de n'en avoir aucune. »

Eh bien ! alors, de quel droit imposeriez-vous à
vos enfants vos propres croyances? De quel droit
les contraindriez-vous à un acte religieux? Est-ce
que la conscience est moins inviolable à sept ans
qu'à vingt ans ?

Nous allons plus loin et nous demandons : De quel
droit faites-vous baptiser vos enfants? Car enfin,
vous savez qu'en les présentant au baptême, c'est
leur conscience que vous engagez.

Pour être conséquents avec vous-mêmes, vous
devez vous abstenir de tout acte de nature à exercer
une pression sur la conscience religieuse de vos
enfants. Pas de prière, pas de catéchisme, pas de
première communion et.... pas de baptême.

Il faut laisser l'enfant libre jusqu'au complet
épanouissement de sa raison, et alors dans la plé-
nitude de sa liberté il fera lui-même son choix,
croira ce qui lui paraîtra la vérité, embrassera tel
ou tel symbole, prendra telle ou telle religion ou
même n'en prendra aucune.

Nous voilà amenés à la méthode de Rousseau.
L'éducation sans religion est dans la liberté de

conscience, comme le fruit dans le germe ; vous
ne pouvez pas prendre l'une sans l'autre.

Et de fait, il se trouve dans le clan des libres-penseurs, des logiciens qui tirent sans ménagement
les conséquences des principes. Il y a telles feuilles
qui défendent vigoureusement cette thèse que, en
vertu de la liberté de conscience, les parents n'ont
pas le droit de faire baptiser leurs enfants ; elles
adjurent tous les partisans de la Révolution et de
la liberté de s'affranchir d'un usage qui est tout à
la fois, disent-elles, une inconséquence et une
tyrannie.

Ici, comme dans les autres immortels principes,
quand on veut être logique et sincère, on devient
épouvantable.

Cela dit, nous ne relèverons point tout ce que
nous rencontrons çà et là de malveillance et d'injustice contre l'Église catholique dans ces leçons
sur les droits civils.

M. Compayré ne manque pas d'une certaine
adresse dans l'art des insinuations méchantes. Il y
a une manière mesurée, presque polie, de jeter l'o-

dieux à l'Église; il y en a une autre tapageuse et
populacière. M. Bert use de celle-ci ; son collègue
préfère l'autre. Le résultat est le même. Quelques
coups de stylet d'ici et delà produisent aussi sûrement leur effet que les coups de massue déchargés
à tour de bras.

Déjà on a fait connaissance avec l'Église à travers
l'oppression épiscopale du moyen-âge; dans la
question de la liberté de conscience, c'est la Saint-
Barthélemy qui lui sert de cadre.

Comme cela est habilement ménagé ! Il n'y manque que les Dragonnades. M. Paul Bert, lui, n'a eu
garde de les omettre. Il y a même à cet endroit du
livre une vignette où l'on voit ces pauvres héréti-
ques pendus aux arbres des forêts. Des moines les
regardent d'un air satisfait se balancer au souffle de
la brise

Mon Dieu ! pourquoi donc à la suite du chapitre
sur l'intolérance de l'Église, ces messieurs n'en écri-
raient-ils pas un sur la tolérance de la Révolution ?

Quant aux fantaisies historiques qui servent comme de repoussoir au merveilleux état de choses inauguré par la Révolution, nous ne pouvons les suivre dans le détail. Il y aurait trop à faire, et d'ailleurs ce n'est point là précisément ce qui dans les Manuels a provoqué les prohibitions ecclésiastiques.

Sans doute nous ne pouvons voir sans serrement de cœur l'histoire de notre pays travestie de la sorte devant des enfants à qui l'on prétend enseigner à aimer la France. Mais il paraît que cela est indispensable pour faire une auréole à la Révolution. Sa gloire resplendit de toutes les injures dont on noircit le passé.

On va recueillir à travers les chroniques tous les abus, tous les excès, tous les désordres; c'est avec cela que l'on compose des tableaux de l'histoire de France avant la Révolution.— Comme qui penserait faire le portrait d'une personne, pour avoir photographié ses verrues.

Il faut, on le conçoit, faire la France du passé bien laide, pour que celle de la Révolution paraisse belle.

Voici à peu près un échantillon de la méthode :

Autrefois il y avait des classes privilégiées,... des « gens qui n'avaient que la peine de naître », (cliché de Beaumarchais). Point d'impôts pour la noblesse ni pour le clergé. Toutes les charges pesaient exclusivement sur le pauvre peuple, etc., etc.

Mais enfin la Révolution est venue, et grâce à elle tous les citoyens sont égaux, « tous sont également admis aux emplois sans autre distinction que *leurs vertus et leurs talents.* » !!!

Autrefois, « à l'origine de la société d'où est sortie la France, il y avait des esclaves et des maîtres d'esclaves ; plus tard, il y eut des serfs et des seigneurs... » — Ici une charge à fond de train sur les droits seigneuriaux. — M. Paul Bert, lui, exploite surtout la dîme. Oh ! la dîme ! Quelle veine pour dauber sur le clergé !

Et là-dessus d'empiler les anecdotes. Les anecdotes, on en trouve toujours. Et puis, comme disait Autran :

> Celles que l'on ne trouve pas,
> Ma foi, tant pis ! on les invente.

Aussi quelles horreurs ! quelles injustices ! quels temps abominables !

Mais enfin la grande Révolution est venue, et depuis lors, plus d'injustices, plus d'exactions, plus d'oppressions des faibles par les forts; plus que des citoyens qui s'embrassent dans l'égalité et la fraternité.

« Autrefois, il n'y avait pas de propriété individuelle.» *(sic.)* (1)

Peste !

Refrain : Mais la Révolution est venue. Et, « aujourd'hui que l'homme est libre et qu'il est le maître de sa personne, il est le maître aussi des biens légitimes qu'il a acquis ou qu'il a hérités.»

Il paraît que c'est la Révolution qui a inventé la propriété individuelle.

« Sous l'ancien régime, la liberté du travail n'existait pas. Le droit de travailler était le privilège exclusif des membres des corporations.» Voilà qui est parlé en maître de l'organisation du travail sous l'ancien régime.

Refrain : « C'est la Révolution encore qui a proclamé et établi la liberté du travail... Honneur à la Révolution ! »

_____

(1) Éléments..... par G. Compayré, p. 76.

Autrefois pas de liberté de conscience. « Les catholiques obligeaient tous les citoyens à se faire
catholiques... On inventait pour châtier les héré-
tiques, les supplices les plus atroces... La Saint-
Barthélemy est un crime horrible, puisque cette
nuit-là on tua des milliers d'hommes *uniquement*
parce qu'ils avaient une religion à eux différente
de la religion dominante. »

Uniquement, M. le professeur ! — Ah ! quel trésor
de bonne foi dans cet *uniquement !*

Refrain : Mais enfin la *grrrande* Révolution est
venue !...

Et en avant, la grosse caisse !...

La simple honnêteté aurait quelque chose à dire
sur cette manière de procéder avec des enfants que
l'on est chargé d'instruire et non pas d'enrégi-
menter coûte que coûte sous le drapeau d'un parti.

L'instituteur ne doit pas être transformé en ser-
gent recruteur de la Révolution.

Nous avons déjà dit ce que nous pensons des
anecdotes en fait d'histoire. Avec ce genre de preu-
ves, et en prenant les grands faits par leurs petits
côtés, on peut établir tout ce que l'on veut :

Par exemple, que Turenne n'entendait pas le

premier mot en stratégie et que Garibaldi fut un
grand général;

Qu'en diplomatie Richelieu fut un pauvre cadet
et que M. Gambetta a été un héros providentiel.

Si pour soutenir sa thèse dans une assemblée
électorale contre un adversaire qui a bec et ongles
et qui aura la réplique, on croit de bonne guerre
d'employer cette méthode, passe encore. Mais
à l'école, et à l'école primaire, cela ressemble à un
escamotage.

Voyons, est-ce bien sérieux et est-ce digne?

Il y avait des abus sous l'ancien régime. Qui le
nie?

Nos pères étaient arriérés en bien des points.
Est-ce une raison pour les représenter jusqu'au
temps de la Révolution comme une peuplade de
Zoulous?

Pourquoi ne pas leur reprocher de n'avoir
pas eu de chemins de fer, ni de télégraphes élec-
triques, ni de téléphones, ni de steamers, ni des
canons de cent tonnes, sans oublier le pétrole, la
dynamite et le picrate de potasse?

Il y avait des imperfections, des déficits, des
vices mêmes dans la constitution de l'ancienne
France. L'édifice social était peu confortable, mal

commode à habiter ; il y avait des lézardes. — Eh !
mon Dieu, il était vieux. La République n'a pas
l'âge de l'ancienne monarchie, tant s'en faut. Est-
elle donc si brillante et si bien assise ?

La Révolution est venue. Sous prétexte de réparer
la maison, elle l'a jetée par terre. Qu'a-t-elle donc
bâti à la place ?

Il est facile de détruire ; un enfant ou un fou
suffisent à faire sauter une cathédrale. Abolir les
institutions séculaires de la France, ce n'était pas
faire œuvre de force ni de génie. Mais enfin par
quoi les a-t-on remplacées ?

Il n'est pas question ici d'exprimer un blâme
pour l'ordre de choses actuel pas plus qu'un regret
pour celui qui a disparu. Mais il est bien permis
de comparer.

On déclame tout à l'aise contre les abus d'autrefois devant des enfants qui vous croient sur parole,
et qui vont sortir de vos leçons bien persuadés qu'ils
se sont fondus à l'aspect de la Révolution, comme la
neige sous les rayons d'un soleil de printemps.

Mais, entre nous, soyons sincères.

Notre *liberté individuelle* est-elle donc si grande
depuis que le nouveau régime a remplacé ce que
vous appelez « la volonté d'un tyran ? »

Vraiment, la Révolution a inauguré un ordre
social où chacun « dispose librement de sa personne, de ses facultés, dans la mesure où l'exercice
de ses facultés ne nuit pas aux droits d'autrui, ne
lèse pas la liberté d'autrui (1). »

A notre connaissance, il y a bien des gens qui ne
s'en douteraient pas. Ah ! si nous aussi nous voulions
raconter des anecdotes, ou même essayer de la
grande et simple histoire !

Nous voyons très bien qu'il y a une grande
liberté de mal faire, grande liberté de jeter de la
boue à tout ce qui est respectable, au bon ordre,
aux bonnes mœurs et au bon sens ; liberté du mensonge, liberté de l'irréligion, liberté de l'obscénité
et beaucoup d'autres libertés aussi respectables
dont nos ancêtres ne jouissaient pas dans la même
mesure sous l'ancien régime.

Mais nous voyons très bien aussi qu'il nous manque certaines libertés que nos pères eurent toujours
sous l'ancien régime, par exemple la liberté de
prier Dieu quand et comment il nous plaît, la liberté
de nous dévouer au service du prochain et en particulier de l'enfance, la liberté pour les pères de
famille de faire élever leurs fils et leurs filles dans
les principes religieux.

(1) Éléments, etc. ... par G. Compayré, p. 67.

Ces libertés là en valent bien d'autres.

Nous voyons très bien, — et pour cela il n'est pas besoin de regarder avec des verres grossissants, — que rien n'est permis de ce qui déplaît à un certain nombre de tyrans, qui se dérobent sous le couvert des institutions nouvelles comme d'errière un rideau, et de là peuvent se permettre les fantaisies du pouvoir le plus absolu.

On pourrait mettre au défi tous les professeurs d'histoire de l'Université de France de citer un de ces abus de pouvoir, reprochés avec tant d'acrimonie à l'ancien régime, dont l'histoire contemporaine ne leur fournisse le pendant sous le fonctionnement régulier de notre constitution libérale.

Il y a cependant une différence, mais toute au profit de la tyrannie et de l'arbitraire d'aujourd'hui. C'est qu'autrefois on se croyait responsable, à tout le moins devant Dieu et devant l'histoire; aujourd'hui, grâce à l'athéisme d'État et à la fiction parlementaire, il n'y a plus de responsabilité.

La *volonté nationale* est une savonnette avec laquelle les Pilates de haut et bas étage se décrassent les mains de n'importe quelle malpropreté.

Vous parlez de la *liberté du travail.*

Eh bien! un homme intelligent, qui n'est pas

enseveli dans la poudre des bibliothèques et qui
veut bien descendre des hauteurs de la spéculation
pour savoir ce qui se passe en France, a-t-il donc
le droit de prôner devant des enfants cette colossale
duperie de la liberté du travail octroyée par la
Révolution, comme un bienfait pur de tout alliage,
qui n'a produit que des fruits bénis et « qui contri-
bue chaque jour aux progrès de l'industrie, au
développement de la propriété individuelle et de la
richesse publique ? »

Oh ! mais pourquoi ne pas ajouter, pendant que
vous y êtes, tant d'autres heureux effets de cette
merveilleuse liberté ? Et la concurrence effrénée
des producteurs, et l'antagonisme à l'état aigu
entre le patron et l'ouvrier, et l'exploitation fatale
de celui-ci par celui-là, et les grèves, et le chômage
forcé, et l'enrôlement obligé des travailleurs dans
des affiliations où ils ne sont plus que des instru-
ments aveugles aux mains de quelques intrigants ;
et les revendications sauvages de la main d'œuvre
contre le capital, et l'exaspération chronique des
classes ouvrières, et les collisions d'hier et la
liquidation sociale de demain !

Il nous semble que la liberté du travail, comme
l'entend la Révolution, est bien pour quelque chose
dans tout cela.

Heureuse liberté du travail ! La société n'a pas encore exploré tout le contenu de cette boîte de Pandore que la déesse Révolution lui a donnée comme cadeau de noces.

Et sans nous arrêter à toutes ces conséquences, dont le rapport avec leur principe ne saurait être saisi que par des esprits exercés aux questions économiques, n'y a-t-il pas un fait palpable, qui prouve que cette prétendue liberté du travail est et ne peut être qu'une liberté théorique, comme toutes les autres libertés sans frein, proclamées par la Révolution ?

Allez donc dire à un ouvrier de la ville qui n'est pas un sot, qu'il est libre de choisir tel métier qu'il lui plait, de faire des souliers par exemple, s'il le veut ; que grâce à la Révolution, il en a le droit.

Oui, vous répondrait-il, je vois bien que j'en ai le droit : mais je vois bien aussi que, grâce à la liberté donnée à tous par la Révolution, ceux qui ont des capitaux ont accaparé le travail, que ce n'est pas avec mes deux bras que je puis lutter contre leurs usines, et qu'au bout du compte ma liberté de faire des souliers se réduit à la liberté de mourir de faim.

Quand on veut prendre la peine de réfléchir, on constate vite que toute liberté illimitée aboutit fatalement à l'écrasement du faible par le fort.

Étant donné l'égoïsme humain, il n'en saurait être autrement.

Plus on avancera, plus la théorie révolutionnaire s'épanouira dans les faits, plus aussi on verra que la Révolution, qui semble s'être accomplie au bénéfice des petits contre les grands, consacre au contraire le droit du fort contre le faible, et livre les petits, les pauvres, les déshérités, le peuple en un mot, à la discrétion de ceux qui sont assez habiles pour l'exploiter.

La Révolution est une mégère qui accouche de la servitude en poussant des cris de liberté.

Faut-il encore poursuivre le parallèle ?

Voici la défunte *liberté de l'enseignement*. Nous n'en parlons que pour mémoire. Et remarquez que par une amère dérision l'enseigne reste toujours. On dit aux paysans ou aux ouvriers qu'ils sont libres de choisir l'école où ils veulent envoyer leurs enfants ; ils peuvent même s'ils le préfèrent avoir un précepteur à domicile.

Nous connaissons beaucoup d'hommes, passablement instruits, d'une moralité égale au moins à celle des professeurs de l'Université de France,

qui seraient heureux de passer leur vie dans une
classe et de gagner leur pain en exerçant l'honorable et modeste profession d'instituteurs. Mais
comme ils ont fait dans leur for intérieur des vœux
de pauvreté, de chasteté et d'obéissance, et qu'ils
portent un nom qui n'a pas l'heur de plaire à certaines gens, il leur est interdit d'enseigner la
grammaire latine à quelques bambins, et quand un
chef d'institution a dans son personnel trois ou
quatre de ces hommes, il est frappé comme coupable *d'immoralité*.

Nous n'abuserons pas des anecdotes pour
montrer à quel point nous jouissons de la liberté en
matière d'éducation. Mais si nos pères sous l'ancien
régime, du temps de l'inquisition ou des Dragonnades, avaient entendu raconter que dans certains
pays un bon curé de campagne avait été déféré aux
tribunaux, parce qn'il apprenait à lire à trois
orphelins, ses neveux, ils auraient dit qu'apparemment cela se passait sous le gouvernement libéral
du Grand-Mogol.

En tous cas, ils n'eussent point envié le régime de
liberté de l'an de grâce 1882, sous lequel cela se
passait au noble pays de Bourgogne. (Historique.)

Il n'y avait pas de liberté de conscience sous

l'ancien régime. Pour arriver aux charges publiques
« on était obligé d'être d'une certaine religion. »

Et sous le régime nouveau, M. le professeur ?

Voyons, une fois encore, soyons sincères. Qui
donc, en France à l'heure qu'il est, ignore qu'il n'est
pas permis à un fonctionaire, du haut en bas de
l'échelle, depuis les ministres jusqu'aux gardes-
champêtres, sous peine de révocation, de se montrer catholique ?

Que, s'ils sont pères de famille, ils sont obligés
de retirer leurs enfants des établissements catholiques, pour les envoyer dans les maisons de
l'Université, quand même ils savent que la foi et
les mœurs y sont en péril ?

Ah ! la Révolution nous a donné la liberté de
conscience ! Eh bien ! c'est un républicain, M. Jouin,
qui s'écriait l'autre jour à la tribune qu'elle est tous
les jours violée sur son terrain le plus sacré, la
conscience du père de famille.

Et qu'on le remarque bien. Ce n'est pas là seulement le fait de la volonté de quelques fanatiques
d'impiété, portés momentanément au pouvoir
par le peuple saturé de mensonges. Non, c'est la con-
séquence naturelle du principe qui est à la base de
l'ordre politique révolutionnaire.

L'État, pour sa part, faisant profession d'indifférence absolue au regard des croyances, n'ayant
ni Dieu, ni religion, son action surtout dans un
pays de centralisation à outrance où l'État absorbe
tout, ne laissant au particulier que le domaine
de la vie individuelle, dans laquelle il sait encore
s'ingérer à tout propos, ne peut manquer de peser
lourdement dans le sens de l'irréligion sur les
consciences de tous les gens qui lui sont inféodés
à un titre quelconque. Le fonctionnaire devra se
faire à l'image de l'État. Il sera d'autant plus
agréable au pouvoir et plus apte à la fonction
qu'il sera plus irréligieux. Croyant, il serait
suspect.

C'est ainsi que, la religion d'État supprimée au
nom de la liberté de conscience, on la remplace
par l'irréligion d'État, non moins obligatoire pour
être empanachée de liberté.

On pourrait prolonger indéfiniment l'inventaire;
on constaterait ainsi sur toute la ligne que les
fameuses réformes de la Révolution n'ont abouti,
grâce au vice originel dont elles sont infectées, qu'à
faire revivre sous une forme plus odieuse et plus
tyrannique les abus qu'elles prétendent avoir rendus
à tout jamais impossibles.

Banqueroute sociale et politique en attendant l'autre.

En regard de l'ancien régime le bilan de la Révolution pourrait être présenté ainsi :

Le citoyen est aujourd'hui plus protégé dans le droit que la Révolution lui reconnaît de faire le mal ; en revanche, il l'est moins, beaucoup moins dans l'exercice du véritable droit de faire le bien.

L'intolérance n'a fait qu'une volte-face déraisonnable et criminelle. Elle s'attaquait autrefois à ce qui était pernicieux à la société ; elle pèse aujourd'hui sur ce qui la soutient et la fait vivre.

Voilà la différence.

En fait, le pouvoir est armé vis-à-vis des particuliers d'une autorité aussi grande, aussi absolue, aussi discrétionnaire que sous la monarchie la plus autocratique.

Voilà, si l'on veut, la ressemblance.

Mais, il ne le dit pas ; il ne s'en vante pas ; il proclame le contraire. Bien loin de se dire le maître, il s'intitule humblement le mandataire et le serviteur du peuple.

Voilà encore la différence.

Mais, grâce à cette fiction, il peut faire à sa guise, chasser les gens de chez eux, leur prendre leur maison et leurs biens, les mettre hors du droit commun, les envoyer à la frontière, etc., etc.

Si les gens se plaignent, il a un tribunal à sa dévotion, chargé de dessaisir les autres et de déclarer qu'il a raison et que les gens ont tort de se plaindre. La majorité parlementaire l'appuie ; par conséquent, cela est parfaitement légal, correct, irréprochable. Il n'y a qu'à dire : Ainsi soit-il.

On n'a encore procédé de la sorte qu'avec les religieux, mais aujourd'hui ce sont les princes, et demain ce seront peut-être les financiers. Chacun son tour.

Et maintenant, mettez en regard le régime du pouvoir absolu et du bon plaisir tel qu'il existait, dites-vous, *autrefois*. Peut-être en ce temps-là y mettait-on un peu moins de façon ; mais pour le particulier qui avait alors ou qui a aujourd'hui le malheur d'être la bête noire des puissants, le résultat est le même.

Et voilà encore la ressemblance.

Une fois encore, nous ne faisons point le procès aux partisans de la Révolution pour l'admiration que leur inspire l'état social créé par elle. Ces Messieurs s'y trouvent bien, ils s'y sont fait une belle place. Ils tiennent le haut du pavé. On comprend que leur sympathie aille là où est leur intérêt.

Et puis, il faut l'avouer, en théorie, la doctrine

6

sociale et politique de la Révolution est séduisante.
Tant qu'elle ne fonctionne que dans le calme de
votre cabinet d'étude, c'est charmant en vérité,
c'est idéal. C'est autre chose quand elle descend dans
la nation, qui, hélas ! se compose d'hommes et non
pas d'anges. Toutefois on comprend que ces mots
magiques d'égalité et de liberté en tous genres
exercent leur fascination sur nombre de bons
esprits et de cœurs généreux.

Pas de querelle donc pour les opinions de qui
que ce soit.

Mais ce qui nous paraît gravement répréhensible
chez des hommes mûrs qui s'adressent à des
enfants, c'est que, sans tenir nul compte des faits,
on vienne dire à ces pauvres innocents que la
Révolution avec ses grands principes n'a jeté au
monde que des semences de liberté, d'ordre, de
prospérité, de paix, de bonheur ;

Qu'elle a ouvert pour nous l'ère de la civilisation
et du progrès sur toute la ligne ;

Que nous lui devons de vivre, à l'heure qu'il est,
dans la pleine possession et l'harmonieux exercice
de tous les droits ;

Que nul ne peut plus être inquiété, comme on
l'était autrefois, dans la jouissance de sa maison

ou de son champ, dans la pratique de sa religion, dans le choix de son état ;

Qu'avant la Révolution, nos pères portaient on ne sait combien de jougs dégradants, mais qu'aujourd'hui, affranchis de toute entrave et garantis contre toute iniquité, nous n'avons que des actions de grâces à rendre à la Révolution qui nous a valu un sort si prospère.

Ces éloges du présent sont faux, et si quelque chose l'est davantage, ce sont les déclamations contre le passé.

Eh bien! nous n'admettons pas que devant les enfants, on dénature les faits au bénéfice de n'importe quelle opinion.

Profiter de l'ignorance et de la simplicité de cet âge pour lui faire avaler à dose concentrée l'enthousiasme pour la Révolution, avec l'horreur de l'ancien régime pour condiment, cela s'appelle — un abus de confiance.

Après cela, faut-il dire une fois de plus que nous ne plaidons pas ici pour le passé, que nous ne nous occupons pas plus de justifier que de nier le abus?

Nous disons seulement que la Révolution a fait pire.

LES DROITS POLITIQUES.

Puisque nous avons affaire à la Révolution, abordons de suite le livre consacré aux questions politiques. Dans le livre de M. Compayré, la morale occupe le milieu entre la vie civile et la vie politique. On ne voit pas bien la nécessité de ce mur de séparation.

A moins que ce ne soit pour indiquer que la morale regarde d'un œil la vie civile et de l'autre la vie politique ; l'idée serait ingénieuse.

Les observations que nous avons à soumettre ici aux parents chrétiens seront peu nombreuses.

Que l'on enseigne aux enfants de l'école primaire le fonctionnement des institutions du pays ; que l'on démonte devant eux les rouages multiples de cette machine compliquée, pour leur en dire le nom et le rôle, qu'ils apprennent ce que c'est que M. le maire, MM. les conseillers municipaux, M. le préfet, MM. les juges, MM. les députés, les sénateurs et ministres, jusqu'à M. le président de la République inclusivement, soit ; nous n'y voyons pour notre part aucun inconvénient.

Seulement les petits citoyens ne comprendront pas toujours: ils comprendront même rarement; mais qu'à cela ne tienne.

A propos de la Cour d'assises, il nous faut signaler une petite sortie de la marotte humanitaire sur la peine de mort.

C'est chose étrange que la sympathie accordée de nos jours à la classe intéressante des assassins. Aussi la peine de mort est-elle aux yeux de certaines gens un de ces restes de la barbarie d'autrefois qui déshonorent notre Code criminel. Sur ce sujet, la philanthropie révolutionnaire verse toujours volontiers des larmes avec des discours.

Faudrait-il attribuer ce regain de faveur dont jouissent MM. les assassins au principe fondamental de la Révolution d'après lequel c'est le nombre qui fait la loi ?

Du moins, depuis que l'on sait que M. le Président de la République, personnellement acquis à l'abolition de la peine de mort, s'estime toujours heureux d'exercer sa haute prérogative du droit de grâce, il est certain que le nombre des assassinats va grandissant dans une proportion qui donne à réfléchir.

Nous pourrions citer une ville de France où l'on

compta au commencement de février trois personnes assassinées en quatre jours.

Il est certain aussi qu'il n'y que la crainte du
talion, capable d'impressionner un être assez abruti
pour tuer son voisin afin de lui prendre sa bourse.

Le bagne et surtout la déportation n'épouvantent
guère ces gens-là. La Nouvelle-Calédonie ne manque
même pas d'un certain attrait.

Dernièrement, un soldat nommé Balblan s'entendait condamner par le Conseil de guerre de Constan-
tine à cinq années d'emprisonnement. Sur ce, notre
homme saisit une pierre qu'il tenait cachée sous ses
vêtements et la lance en pleine poitrine à l'officier
qui présidait le tribunal. Nouveau procès, qui se
termina par une condamnation à mort. Au cours
de l'interrogatoire qui suivit son esclandre, le
misérable avoua son petit calcul. Il espérait être
condamné à mort, grâcié et envoyé à la Nouvelle-
Calédonie. Cela lui souriait plus que cinq ans de
prison.

Eh! mon Dieu, on en revient. L'histoire contemporaine nous l'apprend. Au temps où nous
vivons, il y a parfois honneurs et profit à se proclamer forçat. C'est un titre aux suffrages de
certains électeurs que d'avoir porté le bonnet vert.
Qui sait si ceux-là ne seront pas demain la majorité?

La compassion pour les scélérats est un sentiment louable sans doute ; il semble toutefois qu'il serait bon d'en réserver un peu pour les honnêtes gens.

Mais sans plaider ici le pour ni le contre, nous demandons quelle nécessité urgente il y a de porter pareille thèse à l'école primaire. Y a-t-il donc péril en la demeure ?

Êtes-vous donc si pressé de recruter des adhérents pour l'abolition de la peine de mort, qu'il vous faille en aller chercher parmi les enfants au-dessous de treize ans ?

Et puis, il nous est impossible de comprendre quel profit la morale et la sécurité publiques ont à retirer de ce réquisitoire contre la peine de mort. On insinue aux jeunes citoyens que la société n'a pas le droit de punir de mort ceux qui donnent la mort, « que c'est une barbarie inutile, » et l'on appuie le tout sur ce principe éminemment humanitaire que « *la société n'a pas à s'occuper de faire expier les crimes commis; cela regarde Dieu.* » (1).

Peste ! Messieurs les professeurs, nous ne voulons pas discuter votre assertion. Dieu veuille seulement que vos élèves ne vous comprennent pas trop !

En vérité, s'il n'y a pas dans cette phrase une

(1) Éléments..... par G. Compayré, p. 155.

prime d'encouragement offerte aux futurs scélérats, voleurs ou assassins, qui sortiront de l'école avec leur Manuel dans la mémoire, il faut que les mots n'aient plus leur sens.

Courage, jeunes citoyens! N'oubliez jamais que « la Société n'a pas à faire expier les crimes commis ; *cela regarde Dieu.* »

D'ailleurs, vous savez : « Dieu était bien loin » (2) disait tantôt le Manuel à propos des violences exercées autrefois par les seigneurs contre les paysans, et dout Dieu seul était Juge.

Il n'est guère plus près aujourd'hui.

(2) Éléments..... par G. Compayré, p. 70.

LE SUFFRAGE UNIVERSEL

Naturellement, on enseigne dans le Manuel cette immense farce qui s'appelle le gouvernement du peuple par lui-même, au moyen de cette immense comédie qui a nom *le suffrage universel*.

C'est, on peut le dire, le point culminant de l'éducation civique. Ici, on a beau jeu à dauber sur l'ancien régime et à exalter les bienfaits de la Révolution.

Autrefois donc, mes enfants, « le roi était le seul maître, et Louis XIV osait dire : L'État, c'est moi. Aujourd'hui l'État, c'est tout le monde... Le souverain, ce n'est plus un seul homme, substituant sa volonté despotique à la volonté de tous ; le souverain, c'est vous, c'est moi, ce sont tous les citoyens, et nous usons de notre souveraineté en choisissant par le suffrage universel les hommes auxquels nous déléguons notre autorité..... Le suffrage universel est l'instrument de la souveraineté du peuple..... etc., etc. » (1).

(1) Éléments..... par G. Compayré, p. 165.

6.

C'est magnifique ; et on comprend Mme Gréville
s'écriant devant son auditoire de fillettes : « Ce
système est admirable. (!!) »

Mais attendons la fin.

« *Ce qu'il faut surtout bien comprendre* — poursuit M. Compayré, — c'est que la République est le
seul gouvernement compatible avec le principe de
la souveraineté du peuple. Une monarchie quelconque, un empire héréditaire est en contradiction
avec ce principe. Un peuple qui se lie à une dynastie... abdique sa souveraineté. »

Voilà où l'on en voulait venir. L'amour de la
République est l'alpha et l'omega de l'enseignement des Manuels.

On a reproché aux inventeurs de l'éducation
civique de transporter la politique à l'école. Ils s'en
sont défendus ; la préface des manuels reproduit les
mêmes protestations.

Mais, si ce que l'on fait ici n'est pas de la politique, qu'est-ce donc ?

Eh bien ! dans un pays agité comme le nôtre, où
le régime qui a vécu douze ans a fourni une longue
carrière, où dix-huit ans semblent être un maxi-
mum de longévité qu'aucun ne dépasse, est-ce faire

œuvre sage que d'introduire dans l'éducation les
querelles des partis ?

La Nation n'est donc pas encore assez enfiévrée
de ses divisions et de ses débats ? Ce n'est donc pas
encore assez des ouvriers et des paysans, en attendant les ménagères ? Il faut encore faire politiquer
les enfants, pour les amourracher à la République.

Il faut que la classe devienne une assemblée de
petits électeurs. Il faut que l'instituteur s'essaye
au métier d'orateur de club. Dieu sait si la ten-
tation est délicate.

Non, on ne reconnaît pas là la sagesse, la modé-
ration et le sens pratique dont devraient toujours
s'inspirer des hommes chargés de diriger l'éducation
nationale. La préoccupation politique est mauvaise
conseillère en matière de pédagogie.

On veut faire des républicains, quand il faudrait
faire des hommes.

Eh, grand Dieu ! discourons, écrivons, déchi-
rons-nous puisque nous y sommes condamnés ;
mais épargnons ces pauvres petits. Quand tout le
pays est soulevé, qu'au moins l'école soit à l'abri
de la tempête.

En d'autres pays ou en d'autres temps, cette
question des différents régimes politiques, toujours
déplacée à l'école primaire, pourrait être traitée

avec moins d'inconvénient. Chez nous, c'est la pomme de discorde. Qui osera le nier ?

M. de Broglie disait au Sénat lors de la discussion sur la loi du 28 mars : Si, sous l'empire, on avait fait crier dans les écoles : Vive l'empereur! les républicains, eux, auraient poussé des cris de paon et protesté contre la tyrannie.

Pourquoi aujourd'hui font-ils égosiller les pauvres enfants à crier : Vive la République ?

Qui sait ce que demain nous prépare ? C'est en France plus qu'en tout autre climat du monde que les jours se suivent et ne se ressemblent pas ?

Monseigneur Pie écrivait en 1852 :

« Le tempérament de notre nation la porte aux extrêmes, nous en avons la preuve en ce moment. Après avoir vociféré la liberté, *les mêmes hommes* vocifèrent à cette heure l'autorité ; et volontiers on remettrait aujourd'hui le sort du pays à l'autorité sans contrepoids, comme on le livrait naguère à la liberté sans frein. (1) »

Voyons, faudra-t-il donc que toutes les secousses qui ébranlent périodiquement l'État, aient leur retentissement à l'école, et que *les mêmes enfants*

(1) Œuvres de Monseigneur Pie, I. 557

aussi *vocifèrent*, suivant les temps, la liberté, l'autorité et d'autres choses encore ?

Ensuite, que penser de l'aplomb avec lequel on vient débiter devant ces enfants des calembredaines de ce calibre : « Un peuple qui se lie à une dynastie, qui remet le pouvoir à perpétuité à un homme et aux descendants de cet homme, abdique sa souveraineté ? »

Que veut-on dire par là ? Est-ce que les hommes intelligents qui écrivent ces choses sont de bonne foi ?

Est-ce qu'ils sont vraiment persuadés que tous les peuples de l'Europe, hormis les Républiques Française et Helvétique, se sont réduits en servitude, parce qu'ils ont des rois ou des empereurs ?

Et si ces peuples n'ont pas abdiqué l'exercice raisonnable de leur souveraineté, qu'est-ce donc alors que cette souveraineté du peuple qui n'existe que dans une démocratie, sinon le triste privilège de changer légalement aujourd'hui le gouvernement d'hier en attendant celui de demain ?

Vraiment, pour oser donner comme l'idéal du régime politique d'une grande nation, cet équilibre instable qui fait penser au danseur de corde, il faut avoir pour auditeurs les pauvres petits de l'école primaire.

Que par ces formules spécieuses et ronflantes on enlève l'enthousiasme pour le régime démocratique dans les conférences de cabarets ou de brasseries, c'est déjà regrettable ; les masses populaires sont simples, et la simplicité commande le respect; mais, après tout, ces gens-là ont l'âge d'homme.

A l'école primaire, c'est autre chose.

Profiter de la simplicité des enfants pour faire de l'embauchage politique, ce n'est plus de l'habileté ni de l'audace. L'honnêteté et le bon sens appellent cela d'un autre nom.

Nous avons prononcé le mot de *bonne foi*. Vraiment, il faudra encore y revenir.

Le principe de la souveraineté nationale s'exerçant par le suffrage universel une fois exposé, on ne se fait pas faute d'en déduire jusqu'au bout les merveilleuses conséquences.

Voyez, mes enfants, grâce à ce régime, le peuple est libre, le peuple n'a plus de maître ; c'est lui-même qui se gouverne.

« Aujourd'hui le plus humble des ouvriers, de tous ceux que le travail courbe vers la terre ou sur leurs outils, a le droit de relever la tête, pour regarder ce qui se passe autour de lui, pour s'enquérir des actes de ses gouvernants, pour leur demander compte de leur conduite, pour écouter de loin, transmise par les journaux, la voix des hommes qui, dans les assemblées politiques, servent ou trahissent la cause du peuple (1). »

Le peuple choisit librement ses députés ; « il leur confie un mandat, exprimant ses volontés et ses

(1) Éléments, etc., Compayré, p. 139.

désirs », de sorte qu'en réalité, en obéissant aux lois faites par les chambres, le peuple n'obéit qu'à lui-même.

Par suite, le gouvernement ne peut avoir d'autre but que les intérêts du peuple ; donc, plus de guerres inutiles, « plus de dépenses destinées à satisfaire le faste des princes » ; plus d'impôts qui ne soient nécessaires. « Nos députés ne nous demandent évidemment que ce qui est nécessaire pour assurer les services généraux du pays. »

Au sommet de l'État, un citoyen élu comme les autres mandataires du peuple. Ce n'est pas comme du temps des rois. « Un roi a beau être détestable ; il faut le subir jusqu'au bout... C'est que les rois, pour être rois, n'ont que la peine de naître. (Deuxième édition du cliché Beaumarchais.) Qu'importe qu'ils soient sans intelligence, sans moralité ?... Tandis que le Président de la *République*, désigné par la voix *publique*, élu par les mandataires du peuple, est *nécessairement* le plus digne, le plus capable de gouverner l'État... »

Oh ! M. Grévy, Quel coup d'encensoir !!!

Cette *leçon* vaut bien un fromage sans doute.

Puis le mot de la fin, la perle. Plus de désordre,

pl..s de révolution possible. « Ne comprenez-vous
pas, Georges, s'écrie M. Compayré par la bouche
de l'instituteur, qu'il ne peut plus être question de
révolution, depuis que les citoyens jouissent du
droit de suffrage ? »

Et vous, lecteur, comprenez-vous ?

La raison, c'est que si les choses ne sont pas
comme vous voulez, vous avez votre bulletin de
vote ou, comme dit M. Paul Bert avec tant d'esprit,
« le petit bout de papier blanc qu'on met dans la
botte en bois. » « Il ne faut donc plus demander
le progrès social qu'au bulletin de vote. »

D'ailleurs, une Révolution aujourd'hui serait
sans but. Car, « la Révolution de 1789 poursuivait
la suppression des privilèges et l'établissement de
l'égalité civile. La Révolution de 1848 a fondé
l'égalité politique. *Mais aujourd'hui, que reste-t-
il donc à conquérir ?* » (1).

Rien, évidemment. La tragicomédie en deux
actes a renouvelé la face de la terre et ramené le
pays à l'âge d'or.

(1) Manuel Compayré p. 175.

Oui, cette fois encore, nous oserons demander si c'est bien de bonne foi que l'on endoctrine de la sorte les enfants de l'école primaire.

A coup sûr, les pauvres innocents sont incapables de comprendre ces rapsodies politiques ; mais enfin ils en retiendront une chose, c'est que le peuple n'a pas de maître, qu'il se gouverne lui-même. Ils prendront au sérieux le gouvernement du peuple par le peuple.

Il y aura au moins quelqu'un en France pour y croire.

Mais vous, Messieurs, qui écrivez ces choses sans sourciller, est-ce que vous y croyez ?

Nous savons ce que Cicéron disait des augures. Est-ce que deux docteurs de l'instruction civique, M. Compayré et M. Paul Bert par exemple pourraient aussi se regarder sans rire, quand ils enseignent au bon peuple de France la mauvaise farce de sa souveraineté, s'exerçant par le moyen du suffrage universel ?

Est-ce qu'ils ignorent comment se font et peuvent se faire les élections des représentants du peuple dans un pays de trente-six millions d'âmes, quand chaque citoyen, sans distinction de rang, de moralité ou d'intelligence n'est qu'une unité devant l'urne électorale ?

La théorie, il est vrai, est flatteuse pour l'amour-
propre des petits. Nous ne la discutons pas, nous
ne dirons pas qu'elle a à sa base un mensonge et
une sottise, qu'elle est en principe la revanche des
sots contre les sages ; nous observons seulement
qu'entre la théorie et l'application il y a assez d'espace pour que la souveraineté nationale devienne
la souveraineté des intrigants.

Un républicain de la plus belle eau, M. Floquet
disait l'autre jour à la Chambre des Députés : « La
politique aujourd'hui consiste *à remuer les profondes couches du suffrage universel.* »

Ce qui veut dire en français que le pouvoir appartient à qui sait exploiter le peuple.

Il y a tantôt un siècle que nous en faisons l'expérience ; pas n'était besoin d'être grand clerc pour
comprendre *a priori* que c'est à ce beau résultat
que le système devait aboutir.

Le peuple va à qui le flatte. Celui-là a le plus de
chance de réussir qui lui contera le plus de sornettes
et le plus habilement. Adressez-vous aux passions,
à l'orgueil, à la jalousie, à la cupidité, vous écra-
serez certainement un compétiteur qui ne sait
parler que le langage du bon sens et de l'honneur.

La conscience est d'ordinaire un meuble gênant
à qui veut engager la bataille électorale.

Le fait est que le peuple de France, — le plus
spirituel du monde, à ce que l'on dit en France, —
est gouverné par quelques centaines de journalistes,
lesquels sont gouvernés par ceux qui ont de l'argent
ou du pouvoir, ou encore l'un et l'autre.

Ceux-là font ce qu'ils veulent. Ils sont censés
obéir à l'opinion ; mais c'est le journal qui fait
l'opinion et ce sont eux qui inspirent le journal.

Ces gens-là s'intitulent les serviteurs du peuple ;
voici à peu près comment ils font leur service :

« Peuple, disent-ils, tu es le maître. Or, il nous
plaît de faire ceci ou cela. Peuple, dis-nous de le
faire.

Tel est le fonctionnement de la souveraineté
nationale par le suffrage universel. Et ici sans
doute nous n'apprenons rien à quiconque a étudié
la chose ailleurs que dans les livres.

C'est un cercle, dira-t-on. Oui, et si l'on disait
que c'est un cercle vicieux nous n'y contredirions
pas.

Oui, très-vicieux en vérité. C'est grâce à cette
organisation que les iniquités les plus révoltantes
peuvent être commises au grand jour, et que la
tyrannie la plus odieuse pourra toujours s'exercer
sous le couvert de la légalité.

Qu'avez-vous à dire ? Le gouvernement ne fait
que suivre l'opinion, partant exécuter la volonté
nationale. Nous sommes foulés, écrasés ; mais c'est
nous qui le voulons. Demain, on nous couperait la
tête, c'est nous qui l'aurons voulu.

Eh bien ! il nous semble qu'il est peu séant à des
hommes qui savent ce que parler veut dire, de
leurrer les pauvres enfants du peuple de cette souveraineté dérisoire.

« Autrefois, dit M. Compayré, l'indifférence politique était permise à l'ouvrier, bien plus elle lui
était imposée. Maniez vos rabots et vos truelles, mes
braves gens, leur disait-on, gagnez votre vie si
vous pouvez, mais gardez-vous de vous mêler
d'autre chose. » A d'autres, aux membres des
classes privilégiées de gouverner le pays.
Aujourd'hui, c'est bien changé.

Va, bonhomme, manie ton rabot et ta truelle ;
laboure ton champ et bêche ton jardin, gagne ta
vie si tu peux, surtout paye bien les impôts. *C'est
toi qui gouvernes la France.*
Après ça, si tu n'es pas content de tes mandataires, députés, sénateurs, ministres, président de la

République, eh bien! mon ami, vite, un bulletin de vote.

Aux urnes! Et vive la République et le peuple souverain!

LE MARIAGE CIVIL

Il nous reste à signaler dans ces leçons sur les institutions politiques un modeste paragraphe à l'article des attributions du maire.

Voici ce que nous lisons dans le Manuel de M. Compayré:

« Quand le maire les a déclarés (l'homme et la femme) unis au nom de la société et de la loi, les deux conjoints sont *bel et bien mariés*. Si la cérémonie religieuse suit la cérémonie civile, ce n'est pas pour ajouter plus de force à un acte qui est définitif, *qui se suffit à lui-même*, c'est parce que les époux pour satisfaire leurs sentiments religieux veulent prendre Dieu à témoin d'un engagement que la société civile a déjà consacré (1). »

Le même enseignement est reproduit dans le Manuel du degré élémentaire du même auteur, lequel est destiné aux enfants de sept à huit ans. On le mettra bientôt dans les abécédaires. Les jeunes citoyens et citoyennes ne sauraient apprendre de

(1) Manuel Compayré, page 147.

trop bonne heure que c'est M. le maire, avec son écharpe, qui marie les gens.

Les autres Manuels visés par l'*Index* insistent sur ce même point avec une sorte d'affectation ; on sent que c'est là un article fondamental de foi civique.

Voici maintenant deux propositions inscrites au *Syllabus*, c'est-à-dire mises au rang des erreurs modernes que l'Église condamne :

« Le sacrement de mariage n'est qu'un accessoire du contrat et peut en être séparé, et le sacrement lui-même ne consiste que dans la bénédiction nuptiale. »

« Il peut exister entre chrétiens, en vertu d'un contrat purement civil, un mariage proprement dit. (1) »

La doctrine catholique, imposée à la conscience comme article de foi en cette matière, peut s'énoncer ainsi :

_____

(1) Matrimonii sacramentum non est nisi quid contractui accessorium ab eoque separabile, ipsumque sacramentum in unâ tantum nuptiali benedictione situm est. *Syllabus*, LXXIII.

Vi contractûs mere civilis potest inter christianos constare veri nominis matrimonium. *Syllabus*, LXXIII.

Entre chrétiens le contrat de mariage ne se distingue pas du sacrement ; car c'est le contrat lui-même que Notre Seigneur Jésus-Christ a élevé à la dignité de sacrement. Donc il y a sacrement, ou bien il n'y a pas contrat.

Or, l'Église, qui possède le droit de régler ce qui a rapport aux *causes matrimoniales* et par conséquent d'établir des empêchements, affectant même la validité du contrat, a statué, au Concile de Trente, que le contrat de mariage, pour être *valide*, devait être célébré en présence du prêtre, assisté de deux ou trois témoins. L'absence du prêtre constitue l'empêchement *dirimant* de *clandestinité*. Les parties sont absolument inhabiles à contracter, et l'acte nul de plein droit (1).

Tel est l'enseignement catholique. Rien de plus formel.

Pour des chrétiens, la formalité accomplie à la mairie n'est point le mariage. Ce n'est pas là qu'ils reçoivent le sacrement, donc ce n'est pas là qu'ils contractent ; puisque pour des chrétiens l'un n'est pas distinct de l'autre.

---

(1) ... Eos sancta Synodus ad sic contrahendum *omnino* inhabiles reddit, et hujusmodi contractus irritos et nullos esse decernit:

M. le maire aura beau ceindre son écharpe, en signe des pouvoirs à lui conférés par l'État, et lire de sa voix la plus majestueuse la formule du Code civil : Je vous déclare unis au nom de la société et de la loi ; — fût-il d'ailleurs flanqué de tout le conseil municipal, du garde-champêtre et des pompiers, les prétendus époux n'en seront pas plus mariés après qu'avant.

Monseigneur de Ségur raconte qu'un bon vieillard, maire de sa commune, avait coutume en pareil cas de terminer ainsi sa harangue : « Et maintenant mes enfants, allez à l'église et mariez-vous. »

Celui-là comprenait qu'il y a une différence entre les prétentions de l'État et son pouvoir.

Il faut en prendre son parti. On peut tenir pour certain que l'Église ne mollira pas sur un point de cette importance et, qu'aussi longtemps que le décret du Concile de Trente n'aura pas été rapporté, elle continuera à regarder le mariage civil comme un concubinage légal.

L'Église a soutenu bien des luttes pour défendre la dignité du mariage chrétien contre les passions brutales des princes du moyen-âge.

Sans la vigueur qu'elle déploya contre eux, la société fut peut-être retournée à la barbarie.

L'Église continuera à défendre cette barrière contre la libre-pensée et les libres mœurs.

Si, pour leur part, Messieurs de l'instruction civique ne peuvent se résoudre à s'incliner, c'est affaire à eux. Mais ils donnent aux enfants catholiques un enseignement directement opposé à celui de l'Église. Le Manuel dit : oui, quand le catéchisme dit : non. C'est une hérésie formelle.

Or, ils n'ont pas le droit d'agir de la sorte, et cette fois encore ce n'est pas nous, c'est le conseil supérieur de l'Instruction publique qui donne à leur conduite la qualification qui lui convient : « Le maître devra éviter, *comme une mauvaise action*, tout ce qui serait de nature à blesser les croyances religieuses des enfants confiés à ces soins. »

Les jurisconsultes de la société d'Éducation catholique, se référant à ce seul point de l'instruction civique, ont déclarés que les parents catholiques pouvaient légalement se refuser à envoyer leurs enfants à l'école où ces Manuels seraient en usage, puisque cet enseignement constitue une violation flagrante de la neutralité qui est à la base de la loi.

Pour nous, répondant à ceux qui se plaignent que les décrets de l'*Index* ne s'appuient sur aucun

considérant, nous osons affirmer, que la Congrégation romaine, eût-elle fermé les yeux sur tout ce
que les Manuels contiennent de désobligeant à
l'adresse de l'Église et de dangereux pour les âmes,
elle n'aurait point hésité à les proscrire pour le seul
fait de leur doctrine sur le mariage.

LA MORALE.

Une place considérable est faite à la morale dans les Manuels civiques.

Nombre de gens à courte vue, en parcourant ces leçons sur la vertu, ne manqueraient pas d'être grandement édifiés. Pour nous, nous l'avouons, c'est là surtout ce qui nous fait peur dans ces petits livres.

Oui, c'est sur l'enseignement de la morale, tel qu'il est présenté ici, que la libre-pensée fonde ses plus solides espérances dans l'entreprise qu'elle poursuit de déchristianiser le pays. C'est une machine de guerre plus redoutable que les charges à fond de train contre les croyances religieuses.

Et pour qu'on ne nous accuse point de nous forger à nous mêmes des épouvantails, voici un aveu échappé à un écrivain qui s'y entend et qu'on ne soupçonnera pas de s'alarmer pour les intérêts religieux.

C'est M. Sarcey qui a la parole :

« Il faut tenir strictement la main à la neutralité de l'école, dans l'enseignement primaire.

« Pourquoi ?

« Parce que là on **agit** sur la foi même. Ce n'est
pas qu'on la combatte directement, puisque l'essence
de la neutralité est au contraire de s'abstenir de
toute attaque. *Mais on habitue les esprits à s'en
passer ;* on les dresse à comprendre que l'on peut
être un honnête homme et un bon citoyen en
dehors de tout enseignement de religion révélée.
On les détache par là doucement, lentement de la
foi. *C'est l'essentiel.* (1). »

Cela se passe de commentaire, n'est-ce pas ?

Oh ! oui, la franc-maçonnerie qui a élaboré la
loi sur la neutralité de l'école a donné là une
preuve de plus de ce flair qui lui fait choisir les
bons moyens pour mener à terme son infernale
besogne.

Où veut-on en venir ? A quoi vise la secte dans
cette campagne poursuivie avec tant d'acharnement
sur le terrain de l'éducation ?

(1) Extrait du journal *Le XIXe Siècle*, cité dans le Man-
dement de carême de S. E. Mgr le cardinal Caverot, archevê-
que de Lyon.

A déraciner la foi de l'âme des enfants. Les publicistes peuvent le proclamer dans leurs colonnes, ils ne s'en cachent pas. Mais on ne peut encore l'écrire en toutes lettres dans les livres classiques. L'on ne peut dire tout crûment aux petits écoliers qu'ils n'ont que faire de la religion. — Cela jetterait de l'émoi dans le pays. L'heure n'est pas encore venue.

Mais l'on arrivera au but par un détour, sans éclat, sans secousse, sûrement et promptement. En politique ce n'est pas la ligne droite qui est le plus court chemin d'un point à un autre.

Jusqu'ici on n'avait jamais eu l'idée de séparer la morale de la religion ; les croyances et les devoirs étaient enseignés simultanément. Les préceptes de la morale trouvaient dans la foi religieuse leur origine, leur base, leur autorité, leur sanction et partant leur efficacité. On ne croyait pas que l'une pût se passer de l'autre.

La loi athée a prononcé leur divorce.

Les règles des mœurs seront désormais enseignées en dehors de toute croyance religieuse. On fera bien comprendre aux enfants que la morale n'a rien à voir avec la foi, que l'on peut être un parfait honnête homme en dehors de toute religion positive

Eh bien ! il faut le redire, pour étouffer la foi
dans ces jeunes âmes et arriver à déchristianiser
radicalement la génération qui grandit, le moyen
est incomparable. Il ne manquera jamais son but. La
secte peut s'applaudir. Elle a fait son chef-d'œuvre.

Et maintenant, Messieurs les professeurs de philosophie peuvent se donner carrière. Plus la morale
qu'ils enseigneront sera élevée, pure, irréprochable, plus elle approchera de celle de l'Évangile,
plus aussi la manœuvre sera assurée de réussir.

Aussi, ce cours de vertu est vraiment admirable.
M. Compayré pousse son disciple de degré en degré
jusqu'au sommet de la perfection. « Quant à la
charité, elle exige que nous fassions du bien à tous
les hommes, quoique nous n'ayons rien à attendre
d'eux; elle exige plus encore : *Que nous fassions
du bien à ceux qui nous font du mal.* »

Un écho philosophique du *Sermon sur la mon-
tagne*.

Ah ! que tout cela est beau à dire ! Seulement,
nous attendons de rencontrer un disciple de la
morale indépendante qui rende le bien pour le mal ;
d'ici là, nous augurons de l'avenir par le passé qui
nous a appris que ces gens-là préfèrent rendre le
mal pour le bien.

Vraiment, Dieu lui-même n'est pas oublié.

M. Compayré a écrit son nom çà et là. Et il déclare que la morale « suit l'homme dans toutes les relations qui l'unissent avec les animaux, avec la famille, avec les concitoyens, avec l'humanité tout entière, *enfin avec Dieu.* »

N'allez pas croire cependant que la morale, qui « suit l'homme dans les relations qui l'unissent avec Dieu », — (comme ce français-là est clair!) — lui impose la religion. Oh! non pas. Pour bien adorer Dieu, il faut seulement pratiquer les devoirs de la morale. « L'homme vertueux est pieux par cela seul qu'il est vertueux (1). »

Toujours la rengaine rationaliste. En dehors de toute foi et de toute pratique religieuse, vous pouvez être non-seulement un honnête homme mais un homme *pieux.* Que voulez-vous de plus?

M. Compayré sert aux jeunes citoyens de l'école primaire une leçon sur l'existence de Dieu.

Le maître emmène son petit peuple dans la campagne par une belle nuit d'été. C'est une fiction.

(1) Manuel Compayré, p. 36.

Messieurs les instituteurs primaires savourent à
ces heures tardives les douceurs du foyer. Mais
il n'importe. — On contemple donc le ciel étoilé,
on fait un petit cours d'astronomie, puis on con-
clut par quelques exclamations sur la grandeur et
la puissance du Créateur qui est aussi, — ajoute-t-on
dans le jargon philosophique déjà connu, — « l'ordonnateur des lois morales que la conscience vous
révèle. »

C'est très bien, à supposer que les jeunes philosophes de l'école primaire sachent bien le premier
chapitre du catéchisme. Fénelon aussi a montré la
preuve de l'existence de Dieu dans l'ordre du
monde, et son traité pouvait dispenser les maîtres
de l'instruction civique d'écrire le leur.

Mais quand on en est réduit à chercher Dieu à
travers l'espace, eût-on d'ailleurs à son service tous
les télescopes du monde, il est grandement à crain-
dre qu'on ne le découvre pas.

M. Schœlcher disait l'autre jour au Sénat qu'il
a cherché Dieu toute sa vie — il a quatre vingt
ans, s'il vous plaît, — et il ne l'a pas encore trouvé.
D'où il prétend avoir le droit de conclure que Dieu
n'existe pas.

Croyez-vous que les nourrissons de la morale
indépendante le trouveront davantage ?

Quand ils auront bien appris et récité cette leçon
de M. Compayré :

« La *meilleure manière* d'élever sa pensée à la
croyance en Dieu, c'est de considérer l'immensité
et la grandeur de l'œuvre divine ; aucune âme
humaine ne peut être insensible au spectacle que
présente, par exemple, le ciel étoilé » ;

Quand ils auront bien compris ce qu'on veut
leur faire entendre dans ce langage équivoque, à
savoir que c'est la raison seule qui donne les
croyances, pense-t-on que la croyance en Dieu
sera bien enracinée dans leurs pauvres intelligences ?

Ah ! écoutez ; quand il faut se lever la nuit et
aller regarder le ciel étoilé pour s'assurer que Dieu
existe, il y a cent à parier contre un qu'on ne verra
pas bien clair dans ce dogme fondamental.

Il y en aura beaucoup parmi les spectateurs pour
qui la démonstration ne sera pas plus péremptoire
que pour certain personnage de la fable :

> Moi, disait un dindon,
> Je vois bien quelque chose,
> Mais je ne sais pour quelle cause
> Je ne distingue pas très bien.

Le cœur fait trop de ténèbres dans la tête, les

passions dégagent trop de vapeurs autour de la
raison, pour qu'elle trouve Dieu dans le ciel, à la
seule clarté de la lune et des étoiles.

D'ailleurs, ce Dieu entrevu à travers l'espace n'a
jamais gêné personne. Il n'est pas difficile, pas
exigeant, pas tracassier le moins du monde.
Béranger le connaissait et il n'en avait pas peur ;
il l'appelait le Dieu des *bonnes gens;* c'est aussi le
Dieu des philosophes.

Le citoyen, qui n'en connaît pas d'autre, redou-
terait cent fois plus le moindre gendarme.

Écoutez la belle tirade :

« Si jamais, s'écrie M. Compayré, s'adressant
toujours à de petits citoyens âgés de moins de
treize ans,—si jamais il vous arrivait d'être aveuglés
par la passion au point de ne plus reconnaître ce
que les prescriptions du devoir ont de respectable
et de sacré pour tout homme qui a le sentiment
de sa dignité personnelle, *représentez-vous par
delà le devoir, l'existence de l'Être suprême
dont la volonté rend le devoir obligatoire pour
tous.* » (1) (!!!)

(1) Manuel Compayré, p. 135.

Quand nous aurons une génération de paysans
et d'ouvriers nourris de ce pathos philosophique,
élevés dans la crainte de Dieu entendue de cette
manière, qui n'auront à opposer à leurs appétits
que le souvenir de cet Être suprême qui habite
par delà le devoir, et par delà la lune et les étoiles,
les honnêtes gens feront bien de ne pas s'endormir
sans un révolver à leur portée.

Ah ! Messieurs les professeurs de morale, vous
avez beau jeu à étaler vos notions transcendantes
de conscience, de devoir, de respect de la dignité
humaine, le tout renforcé de la croyance au Dieu
de la métaphysique. Mais, nous savons ce que cela
pèse dans la balance du libre-arbitre humain, quand
on met dans l'autre plateau, les passions, la cupidité
ou la volupté.

Vos ancêtres et vos modèles du paganisme grec
ou romain, — ces éternels et agaçants poseurs vers
qui on nous ramène toujours, comme si dix-neuf
siècles de christianisme n'avaient rien produit de
comparable, — saint Paul les avait percés à jour, et
la pudeur chrétienne a arrêté sous sa plume la
révélation des turpitudes qui s'abritaient sous le

manteau du philosophe austère : « *Quœ in occulto fiunt ab ipsis turpe est et dicere.* » (1).

La vertu ! la vertu ! Ah ! c'est un beau thème à déclamations. La vertu ! Les glorieux pères du XVIII⁰ siècle eux aussi, à commencer par Voltaire et Rousseau, en avaient toujours plein la bouche. On dirait qu'ils suaient la vertu par tous les pores.

En vérité c'est à faire prendre la vertu en grippe.

La Révolution aussi, parait-il, portait la vertu dans les plis de son drapeau.

Il y a certaine phrase de Montesquieu où il est dit que le régime républicain repose sur la vertu. On prend cela pour argent comptant, et le manuel ne se fait faute de le répéter. La vertu coule à pleins bords dans i. démocratie ; la Révolution a ouvert les cataractes du ciel, et la vertu a couvert la terre d'un nouveau déluge.

Les hommes de la Convention furent tous des parangons de vertu. Vertueux Marat ! Vertueux Robespierre ! Vertueux Danton ! La vertu ombrage tous ces noms-là à travers l'histoire.

Eh ! bien en voyant l'instruction civique et morale nous préparer une nouvelle invasion de

(1) *Ephés.* XV. 12.

vertu républicaine, toute plaisanterie a part, nous
sommes tentés de nous écrier :

De la vertu, délivrez-nous, Seigneur.

Et c'est avec ces réfrains philosophiques, récités
par tous les professeurs de morale depuis Zoroastre
et Confucius jusqu'à Rousseau et à M. Paul Bert,
sans autre avantage que d'amuser quelques esprits
d'élite, c'est avec cela que l'on prétend former la
génération qui s'élève, à la pratique de devoirs
sérieux et austères !

« Jamais philosophe n'a changé seulement les
mœurs de la rue qu'il habitait. » Ce n'est pas un
clérical, c'est Rousseau qui a dit cela.

Et vous prétendez, vous, qu'avec votre morale
qui affecte de mettre la religion de côté, votre
morale que vous enseignez comme la géographie
ou le dessin linéaire, vous allez sauvegarder les
mœurs de nos enfants des villes et des campagnes !

Nous savons ce que c'est que les enfants et les
jeunes gens. Sans outrecuidance, il nous est permis
de nous estimer aussi compétents en cette matière
que Messieurs les professeurs de l'enseignement
civique et moral. D'ailleurs, l'expérience de l'éducation et du ministère spirituel auprès de la jeunesse

nous manquât-elle, après tout, nous sommes hommes et nous avons passé par ces années de l'adolescence. Comme David, nous pouvons dire : J'ai été jeune, et je ne le suis plus (1). Apparemment la jeunesse d'aujourd'hui, en dépit du progrès, n'est pas pétrie d'un limon plus parfait que le nôtre. Nous pouvons juger d'autrui par nous-mêmes ; c'est la règle de l'Esprit-Saint (2).

Eh bien ! éclairés de cette double lumière, nous osons le dire à ces hommes qui ont la prétention de moraliser les enfants avec des préceptes appuyés exclusivement sur les grands mots de conscience et de dignité humaine :

Tenter pareille aventure, c'est mentir à l'expérience de l'humanité, c'est se mentir à soi-même. Avec un peu de sincérité, on s'avouerait que l'on vise à l'impossible.

Vous bâtissez non pas sur le sable, vous bâtissez en l'air.

Vos leçons de morale sont une toile d'araignée devant une bête féroce ;

Un passe-temps honnête pour ceux qui dissertent

_____

(1) Junior fui, et enim senui.

(2) Intellige quæ sunt proximi tui ex teipso. *Eccl.* XXXI 18.

au coin du feu, non une discipline sérieuse pour les combats contre le mal ;

Un habit de parade, non une armure de guerre.

Les pauvres enfants qui vont servir de sujets à cet essai de morale de la raison pure, seront sans défense contre les mauvais penchants qu'ils portent en eux-mêmes et les suggestions malsaines qui leur viendront du dehors.

Avant l'âge d'homme, ils seront flétris par tous les vices, en attendant d'être la proie de tous les exploiteurs qui ne manquent jamais aux hommes sans croyances.

Sous l'influence d'une corruption précoce, l'esprit faussé par la lecture de livres et de journaux où s'étale le *nihilisme* en fait de principes, combien de temps leur donnez-vous au sortir de l'école pour se débarrasser de ce minimum de religion naturelle qui consiste dans la croyance à l'existence de Dieu ?

Et alors, Dieu manquant à l'origine du devoir, croit-on qu'il leur faudra beaucoup raisonner pour comprendre que le devoir est une duperie ?

« La raison de l'individu, dit le vénérable Cardinal Guibert, contestera le précepte, les passions briseront le frein, et la morale périra, livrant

l'homme et la société au conflit des appétits dé-
chainés (1). »

Il y a aujourd'hui un parti avec lequel il faut
compter ;

Un parti qui hier faisait sauter les croix, mais
qui demain peut faire sauter la société ;

Un parti qui inscrit dans son programme la négation de tout devoir ;

Un parti qui prétend faire litière de tout ce qui
porte l'ordre social : autorité, propriété, famille.

C'est insensé, dites-vous.

Soit ; à votre point de vue.

Mais, vous qui êtes intelligent et accoutumé à
raisonner, supposez que vous êtes un enfant du
peuple, un déshérité, un misérable, un prolétaire,
un *forçat du travail*, un *crève-de-faim*.

Et voici que, vous concertant avec vos pareils,
vous constatez que vous êtes le nombre, que vous
êtes la force, que vous pouvez donner l'assaut à la
société, prendre ce qui vous convient et vous
gorger à votre tour.

D'ailleurs, vous n'avez en fait de principes, d'autre
bagage que la morale selon la conscience et la di-

(1) **Lettre de S. É. le cardinal Guibert, sur les manuels
d'instruction civique et morale.**

gnité humaine, qui n'a guère entrevu Dieu qu'à travers le brouillard...

Concluez...

Vous ne l'osez. Mais on l'a fait pour vous. Une parole a été dite à propos du procès de Lyon :

« Étant donné vos principes, Messieurs, il n'y a que les anarchistes qui soient logiques. »

Il est vrai qu'à ceux qui auront étudié le Manuel, on pourra encore montrer « au-dessus de leurs têtes le ciel étoilé » et les inviter à se représenter « *par delà le devoir l'existence de l'Être Suprême* », qui est aussi « *l'ordonnateur des lois morales..*, *dont la volonté rend le devoir obligatoire pour tous.* »

CONCLUSION.

Résumons, et dans un regard d'ensemble, essayons de saisir l'esprit et la portée des *Manuels d'instruction civique et morale* que l'Église a frappés et que nous venons de parcourir.

Ce que nous rencontrons d'un bout à l'autre dans ces petits livres destinés aux enfants des écoles primaires, ce qui perce dans les leçons les plus diverses par leur objet, c'est la grande hérésie qui est à la base de la Révolution, le *naturalisme*.

Le naturalisme, c'est-à-dire l'homme ne relevant que de lui-même, la morale appuyée exclusivement sur la raison ; la société politique, source et principe de tout droit, l'État indépendant de toute autorité supérieure ; Dieu exclu de la politique, comme le surnaturel, de la religion.

Voilà le fond de la doctrine.

Le résultat auquel elle aboutit fatalement, c'est l'irréligion. Car, du moment que la religion révélée est systématiquement battue en brèche, et que l'on n'atteint plus Dieu que par la fine pointe de la raison naturelle, il n'y a, en fait, plus de religion.

Pour nous servir d'un barbarisme que tout le monde comprend aujourd'hui, nous dirions que le but poursuivi et réalisé par cet enseignement, c'est la *laïcisation* de l'intelligence, de la volonté, de l'âme tout entière.

Il s'agit d'expulser Dieu. Les uns y vont brutalement et chassent Dieu comme un laquais. D'autres y mettent des formes; ils font l'honneur à Dieu de le mettre à la porte poliment, mais ils le mettent à la porte. M. Compayré est de ceux-là ; M** Gréville aussi.

La Sainte Ecriture signale l'art que possèdent certaines gens de faire la toilette aux mauvaises actions (1).

On s'est beaucoup exercé de nos jours — ailleurs que dans les livres —, à faire proprement les choses malpropres. Avec des euphémismes tels par exemple que légalité, acte administratif, liberté de conscience etc., on trouve le moyen de gazer les plus laides opérations.

Cette manière de faire le mal est beaucoup plus

(1) Injustitias manus vestræ concinnant Ps. 57. 3. Lingua tua concinnabat dolos. Ps. 49, 19.

à redouter que celle qui va droit au but. Elle est
plus sûre, puis l'honnête public n'y prend pas
garde. Il y a nombre de gens qui ont la vue très
courte et l'ouïe très dure quand il ne s'agit que d'at-
taques et de manœuvres contre la religion. Ils
ressemblent un peu aux idoles des nations qui ont
des yeux pour ne point voir et des oreilles pour ne
pas entendre.

Ceux là se récrient contre l'Église qui a les sens
moins obtus. Pourquoi ces rigueurs? Pourquoi ces
condamnations? Il n'y a rien de si mal dans ces
petits livres.

Braves gens! L'ennemi vous suppose bien naïfs,
et il n'a pas tort.

Pour nous, nous l'avons dit, nous ne croyons pas
que la secte antichrétienne ait rien fait de plus
fort que ces Manuels modérés.

Depuis que la chose lui a si bien réussi au Para-
dis Terrestre, Satan prend volontiers les allures du
serpent. Et tenez, à choisir entre l'ours et le serpent, mieux vaut encore l'ours. Quand de sa grosse
patte, il ramasse un pavé pour vous le jeter à la
tête, on le voit venir et l'on peut encore se garer. Le
serpent vous mord et vous inocule son venin sans
que vous l'ayez senti s'approcher.

Maintenant, que devait faire l'Église et qu'a-t-elle fait ?

Dans ces petits livres, — nous en exceptons celui de M. Paul Bert — le poison est administré savamment, à doses homœopathiques. Chaque page n'en distille d'ordinaire qu'une parcelle imperceptible. Bossuet disait : « Le libertinage — nom de la libre-pensée en ce temps là —, nous corrompt goutte à goutte. »

Faites passer ces Manuels à l'analyse chimique, comme les échantillons de vin ou de bière frelatés qui ont belle apparence et une saveur louable, et vous en extrayez le venin de l'athéisme pratique.

L'Église chargée de veiller à la santé publique des âmes a aussi son bureau d'analyse, comme nos grandes villes. On lui apporte des échantillons de substances alimentaires que l'on débite à ses enfants, qui paraissent inoffensives et qui les empoisonnent. Elle étudie cette marchandise et en interdit l'usage.

Voilà ce que vient de faire le Tribunal de l'*Index*.

Jésus-Christ disait : Défiez-vous du levain des Pharisiens. *Cavete a fermento Pharisæorum* (1).

(1) Math., XVI. 6.

Vous entendez, le levain, c'est-à-dire ce je ne sais quoi qui se mêle à toute la masse, la travaille, la soulève, lui donne sa saveur, sa vertu, son efficacité, qui est partout, dans chaque atome.

Quand même il serait vrai, autant qu'il est faux, que l'on ne peut isoler de votre livre une proposition condamnable en soi, que, pour nous servir de l'expression même de M. Sarcey, « il n'y a pas une ligne répréhensible dans le Manuel de M. Compayré, » vous n'auriez pas démontré l'innocuité de votre marchandise.

Oui, Monsieur, votre bière est limpide, très rafraîchissante, exquise au goût et superbe de couleur; et pourtant elle nous empoisonne; elle contient des ingrédients malpropres et malsains, un levain que vous y avez infusé avec tant d'art qu'il ne faut rien moins que le coup d'œil des experts et leurs réactifs pour en constater la présence.

Ce sont les Pharisiens qui ont fait cette mixture perfide.

O les Pharisiens ! « Ils viennent à vous, continuait le Divin Maître, couverts de toisons de brebis ; ôtez la toison, vous trouverez le loup ravisseur. »

Comme ils sont bien toujours les mêmes! Comme

ils ont l'air honnête ! Eux, des méchants, des impies ! Allons donc ! Ecoutez comme ils parlent de la vertu, de la charité, de la morale, de Dieu, de l'Évangile lui-même.

Oui, ils ne se contentent pas de la toison, ils prennent encore le bêlement.

Race de Pharisiens !

Depuis Molière le Pharisien s'appelle Tartufe. Ce nom, ils l'ont sans cesse à la bouche quand il s'agit de rendre odieux les chrétiens qui n'ont pas le bonheur de leur plaire.

Où donc sont-ils les Tartufes, autrement dits les hypocrites ?

Est-ce que nous cachons notre pensée, nous ? Est-ce que nous ne disons pas clairement à qui nous en voulons et quel est le but de nos efforts et de nos luttes ?

Les entrepreneurs d'éducation civique et morale oseraient-ils en dire autant ?

Toute cette campagne pour la réforme de l'enseignement a été menée avec une hypocrisie magistrale. Tous les acteurs de cette comédie sinistre ont pris des masques et contrefait leurs voix.

L'objectif de toutes les manœuvres c'est la ruine de la religion. Tant que l'on n'est pas complètement maître de la position, on fait patte de velours ; on prodigue des protestations de respect pour les croyances ; on prend des airs de victimes ; on se pose en opprimés ; on réclame seulement la liberté de conscience et la *neutralité* de l'école.

Pour nous, nous savions d'ores et déjà ce que cela voulait dire ; bien d'autres l'ont appris à l'heure qu'il est.

La secte était maîtresse sur plus d'un point ; les loups pouvaient se montrer loups. Mais voici qu'il s'agit d'introduire la libre-pensée à l'école. Affaire de passer au vestiaire ; la toison est toujours là.

Allons, Pharisiens, endossez la toison. Sans cela, on crierait : Au loup, et le coup serait manqué.

La Fontaine disait :

> Quiconque est loup agisse en loup,
> C'est le plus sûr de beaucoup...

Le fabuliste était naïf.

Ils ont repris la toison et ils ont *bêlé leurs Manuels*.

On y parle de Dieu, et le but est d'apprendre à se passer de Dieu.

On a crié sur tous les tons que l'on respecterait
scrupuleusement la foi des enfants, et la première
chose qu'on leur donne à entendre, c'est que la
religion est chose facultative ; qu'on est libre
d'aller ou de ne pas aller à l'église « de changer
de religion ou même de n'en avoir aucune. »

Parmi ces honnêtes gens, il y en a un qui n'at-
tend pas la fin de sa *Préface* pour déclarer que le
miracle est une absurdité.

On ne veut que la neutralité, et la conclusion
qui jaillit de partout, c'est l'animosité contre
l'Église catholique, c'est le dédain des croyances,
c'est l'irréligion.

Race de Pharisiens! Jésus-Christ leur a dit leur
fait :

Hypocrites ! (1)

---

(1) *Væ vobis Scribæ et Pharisei* HYPOCRITÆ ! Math.
XXIII, 13.

Et maintenant, il faudrait pleurer sur leurs victimes.

En parcourant du regard de l'âme ces milliers d'enfants livrés en proie sur tous les points du pays à cette expérience néfaste, on pense au Sauveur contemplant à travers ses larmes la grande et chère cité de Jérusalem, dont il entrevoit la prochaine ruine et l'irrémédiable désolation.

Et nous aussi, les larmes brûlent nos yeux en écrivant ces lignes ; parce que nous aussi, nous voyons que ces pauvres âmes d'enfants, temples vivants du Dieu de leur baptême, seront ravagées avant le temps. Il ne restera pas pierre sur pierre de l'édifice sacré bâti par l'Esprit-Saint ; l'enseignement rationaliste n'y laissera pas vestige de la foi chrétienne. Il en détruira jusqu'aux ruines elles-mêmes.

Déjà l'on peut constater les lamentables fruits de cette éducation dont les Manuels sont le formulaire le plus exact. Les enfants soumis à ce régime dans les écoles laïques en rapportent une impiété précoce qui fait mal à voir.

Un de ces jours encore, dans une école d'une grande ville de France, — nous pourrions dire la rue et le numéro, — il s'est passé un fait horrible. Le maître a décroché le crucifix et l'a jeté dans une armoire ; la classe finie, les enfants l'en ont tiré et chacun à leur tour, *ils ont craché dessus.*

Il y a une chose qui nous étonne, nous prêtres, qui n'ignorons pas ce que le pauvre peuple lit à notre sujet tous les jours dans les petites feuilles qui *mangent du prêtre.*

C'est que le peuple, l'ouvrier respecte encore notre habit ; il ne nous insulte que rarement.

La soutane peut paraître dans les faubourgs des grandes villes, au milieu d'une population inter-lope, et ce n'est que de loin en loin qu'un homme se permet un outrage à son adresse.

Ceux qui insultent le prêtre, hélas ! ce sont les enfants.

Il y a dans la plupart des grandes villes telle école aux abords de laquelle le prêtre ne peut pas plus s'aventurer que dans les mauvais lieux.

Ces pauvres petits sortent de la classe, grisés par l'air d'irréligion qu'on y respire. Le bon sens leur manque pour neutraliser le poison, et ils s'en donnent à cœur joie contre l'homme noir.

C'est aussi sur les lèvres de ces enfants que l'on

recueille en passant dans la rue les blasphèmes les plus épouvantables. Il y a longtemps que pour les enfants mal élevés, blasphémer est une manière de prendre la toge virile ; ils se croient des hommes quand ils blasphèment bien fort.

Aujourd'hui, c'est de plus une profession de civisme ; c'est une manière de dire qu'on n'est pas un *clérical*.

Le martyrologe nous a conservé l'histoire d'un maître d'école chrétien livré à ses élèves par sentence du juge. Jamais martyre ne fut plus horrible.

Nous ne savons ce que l'avenir nous prépare ; mais en considérant le présent, il nous vient une pensée qui, nous voulons le croire, n'a rien de prophétique.

Il nous semble que le jour où la Révolution en arriverait à la persécution sanglante, elle trouverait dans ses écoles sans Dieu des bourreaux pour les prêtres. Le jour n'est pas loin peut-être où les *bataillons scolaires* auront le beau rôle dans les expéditions contre les églises et les couvents.

Ce jour-là, l'école neutre aurait donné sa mesure et les *Manuels* auraient produit leurs fruits.

Ce jour-là peut-être la France aurait horreur des

inventeurs de l'*instruction civique et morale*, et elle les maudirait.

Pour nous, nous n'avons à maudire personne.

Mais nous nous permettrons de rappeler à des auteurs qui citent l'Évangile dans leurs *Manuels*, une parole de ce Jésus qui a tant aimé les enfants :

« *Celui qui scandalise un de ces petits* QUI CROIENT EN MOI, *mieux vaudrait pour lui qu'on lui attachât au cou une meule de moulin et qu'on le jetât ainsi au fond de la mer* (1). »

(1) Évangile selon Saint Mathieu Ch. XVIII. 6.

Original en couleur

NF Z 43-120-8